Elke Schuldt

Heimweh kann so lecker sein!
Das Kochbuch für Austauschschüler

Ich widme dieses Buch meiner amerikanischen (Gast-) Familie Jeannie, Tom, Peggy und Penny Pratt und all den Gastfamilien weltweit, die durch ihre Großzügigkeit, Bereitschaft, Aufgeschlossenheit und Einfühlsamkeit einen so wertvollen Beitrag zur Völkerverständigung geleistet haben und leisten.

Bibliografische Information der Deutschen Nationalbibliothek
Die Deutsche Nationalbibliothek verzeichnet diese Publikation in der Deutschen Nationalbibliografie; detaillierte bibliografische Daten sind im Internet über http://dnb.d-nb.de abrufbar.

© 2009 Elke Schuldt - 2. Auflage 2010
Mitarbeit, Umschlaggestaltung und Satz: Birgit Flügge
Herstellung und Verlag: Books on Demand GmbH, Norderstedt
ISBN 978-3-8391-9249-8

Vorwort

„Essen und Trinken hält Leib und Seele zusammen", sagt ein altes Sprichwort.

Was den Leib anbelangt, so steht die reine Nahrungsaufnahme natürlich an erster Stelle. Um diesem Bedürfnis gerecht zu werden, reichen Fast Food und Softdrinks allemal aus - und die sind international!

Aber Gott sei Dank hat jedes Land seine eigenen Nationalgerichte, seinen eigenen Eintopf mit Zutaten, die das Land bestimmen. Bei dieser „Hausmannskost" handelt es sich um zeitlose, ursprüngliche und einfache Rezepte, die sich durch keine kulinarischen Trends verjagen lassen.

Während meines Austauschjahres in den USA von 1967/68 bin ich zum ersten Mal in meinem Leben mit fremdländischer Küche konfrontiert worden. Während damals in Deutschland eine Pizza eher etwas Exotisches war, gab es in den USA bereits einen gut funktionierenden Pizzaservice. Im Chinesenviertel von San Franzisco habe ich meine erste Frühlingsrolle gegessen und Tex-Mex-Food war auch schon „in".

Alle diese Gerichte schmeckten natürlich klasse, und schließlich gehört es ja auch dazu, etwas anderes kennen zu lernen, wenn man ins Ausland geht.

Meine amerikanische Gastmutter Jeannie bekochte uns abwechslungs- und ideenreich, und allein das Frühstück war eine opulente Mahlzeit mit Bacon & Eggs, French Toast, Cinnamon Buns und „grits". Zehn Kilo Gewichtszunahme waren unvermeidbar und schnell erreicht.

Dennoch trat nach einiger Zeit der Wunsch nach deutscher Küche auf, mal wieder was richtig Deftiges zu essen wie Rotkohl mit Klößen oder auch ein knuspriges Wiener Schnitzel, ganz abgesehen von einer schönen Scheibe Schwarzbrot mit Butter oder einem leckeren Stück Bienenstich.

Hätte ich mein Buch „Heimweh kann so lecker sein" bereits damals gehabt, hätte ich die darin aufgeführten, einfach nachzukochende Gerichte zu meiner Freude, aber auch zur Freude meiner Gastfamilie und meiner Freunde kochen können. So hoffe ich, dass ihr mit diesem Buch viel Spaß beim interkulturellen Austausch auch auf dem kulinarischen Sektor haben werdet.

Elke Schuldt

Kochschule: Die Kartoffelküche

Als Sir Francis Drake im Jahre 1581 seiner Königin Elisabeth I. auf einem Festbankett „Knollenfrüchte" servieren ließ, waren dies nicht die uns bekannten Kartoffeln, sondern eine Art Süßkartoffel. Das hat dem Ruhm Sir Francis Drakes, die Kartoffel nach Europa gebracht zu haben, allerdings keinen Abbruch getan. Und es dauerte auch noch mehr als 200 Jahre, bis sich die Kartoffel in ihren mehr als 1000 Sorten allgemein durchsetzen konnte.

Heute hat sich die Zahl der Kartoffelsorten drastisch reduziert, aber eine „Universal"-Kartoffel gibt es nicht. So sollte also darauf geachtet werden, ob man eine Kartoffel zum Beispiel für einen Kartoffel-Salat braucht - in diesem Fall wäre das die so genannte „speckige" Kartoffel - oder ob man für Salzkartoffeln, also gekochte Kartoffeln, eine mehligkochende Sorte oder lieber eine festkochende Sorte mag.

In Deutschland zählt die Kartoffel zu den Grundnahrungsmitteln, aber auch in vielen anderen Ländern besitzt die Kartoffel einen hohen Stellenwert.

Die Zubereitung ist mannigfaltig: Man kann sie schälen und halbieren oder ungeschält garen, als ganze Knolle im Ofen oder in glühender Holzasche beim Grillen backen oder in aufwändigeren Gerichten zu Kartoffelgratin, Reibekuchen, Rösti oder Kartoffelklößen verarbeiten.

Um Suppen, Eintöpfe oder Krautgerichte anzudicken, reibt man eine rohe Kartoffel unter das Kochgut.

Da man Kartoffeln meistens auf Vorrat kauft, sollte man eine richtige Lagerung gewährleisten: in dunklen, kühlen und trockenen Räumen halten sich Kartoffeln mehrere Wochen lang. Eine Lagerung im Kühlschrank ist nicht angebracht.

Paul (China 2006)
Da China aufgrund der großen Bevölkerung Versorgungsengpässen ausgesetzt ist, versucht man auch in sehr betuchten Kreisen nichts zu verschwenden: es wird nichts weggeworfen, sondern am Ende wird entweder dazu aufgefordert, die letzten Reste zu verputzen oder man hält das Essen bis zum nächsten Tag im Kühlschrank frisch. Im Restaurant nimmt man zumeist das, was übrigbleibt, mit nach Hause, die Belegschaft hilft beim Einpacken.

Pellkartoffeln

Die Kartoffeln werden gründlich in kaltem Wasser gewaschen oder auch abgebürstet. Nach Möglichkeit sollte man Kartoffeln ähnlicher Größe verwenden, da die Garzeit davon abhängt.

Die gewaschenen bzw. gebürsteten Kartoffeln kommen in einen Topf und werden knapp mit Wasser bedeckt aufgesetzt, zunächst bei höchster Hitze, die dann, nachdem das Wasser kocht, reduziert wird. Je nach Größe der Kartoffeln rechnet man bei Pellkartoffeln mit einer Garzeit von ca. 25 - 30 Minuten.

Garprobe: mit einem scharfen Messer in die Kartoffeln stechen, um zu sehen, ob sie gar (weich) sind. Danach wird das Wasser abgegossen und die Kartoffeln im **Topf** ohne Deckel auf der abgeschalteten Herdplatte etwa 1 Minute abgedämpft.

Bei Weiterverwendung zu Kartoffelsalat empfiehlt sich, 1 EL Kümmelsaat mit in das Kochwasser zu geben.

Salzkartoffeln

Mit einem Sparschäler werden die Kartoffeln geschält und eventuelle „Augen" aus den Kartoffeln herausgestochen. Dann schneidet man die Kartoffeln in gleichmäßige Hälften oder Viertel. Mit so viel Wasser aufsetzen, dass die Kartoffeln knapp bedeckt sind, leicht salzen. Wasser zum Kochen bringen, dann Hitze reduzieren und bei mittlerer Hitze ca. 20 Minuten gar kochen. Wasser abgießen und anschließend auf der abgeschalteten Herdplatte ausdämpfen lassen.

Bratkartoffeln

Hierzu verwendet man am besten Pellkartoffeln, die am Vortag gekocht, gepellt und in Scheiben geschnitten wurden. Für 1 kg Kartoffeln benötigst du ca. 100 g Butter oder Öl, das in einer beschichteten Pfanne erhitzt wird. Darin werden 2 geschälte und in feine Würfel geschnittene Zwiebeln angedünstet, bevor die Kartoffelscheiben zugegeben werden. Hitze reduzieren und die Kartoffeln bei gelegentlichem Umrühren in der Pfanne goldgelb braten. Mit Salz und Pfeffer würzen.

„Manche mögen's knusprig"! In diesem Fall gegen Ende der Bratzeit die Hitze noch mal hochschalten und das Umrühren nicht vergessen, damit nichts anbrennt.

Weitere leckere Kartoffelrezepte, wie

- **Kartoffelsuppe** (S. 30)
- **Kartoffelbrei** (S. 84)
- **Kartoffelsalat** (S. 86)
- **Raclettekartoffeln** (S. 88)
- **Kartoffelgratin** (S. 90)
- **Bauernfrühstück** (S. 92)
- **Kartoffelpuffer** (S. 96)
- **Rösti** (S. 98)
- **Kartoffelklöße** (S. 100)

werden im Rezeptteil dieses Buches genau beschrieben.

Die Reisküche

Ein chinesisches Sprichwort sagt: „Reiskörner müssen nach dem Kochen wie Perlen auseinander fallen und leicht sein wie Blütenschnee vom Pflaumenbaum". Und so war es auch in einigen fernöstlichen Ländern früher Sitte, dass eine Braut erst ihre Heiratserlaubnis erhielt, wenn sie Reis entsprechend locker und körnig zubereiten konnte.

Wie bei Kartoffeln, so gibt es auch beim Reis viele verschiedene Sorten. **Langkornreis** eignet sich als Einlage in Suppen oder als Beilage zu einem Hauptgericht. **Rundkornreis** ist nach der Zubereitung weich und eignet sich daher gut für Milchreis. Alle Reissorten quellen bei der Zubereitung um das ca. 3-fache ihres Trockengewichtes auf. Über den Daumen rechnet man mit 65 g ungekochtem Reis pro Person als Beilage.

Reis kochen mit der Quellmethode

Bei dieser Art der Zubereitung bleiben wertvolle Inhaltsstoffe des Reiskorns weitgehend erhalten.

Für vier Personen:
2 Tassen Reis werden mit 4 Tassen Wasser und einer Prise Salz in einem Topf zum Kochen gebracht. Anschließend kommt der Deckel auf den Topf. Bei reduzierter Hitze quillt der Reis ca. 15-20 Minuten, dabei gelegentlich umrühren.

Bei einigen Gerichten bietet es sich an, anstelle des Wassers Brühe zu verwenden, was natürlich zu einer Geschmacksintensivierung führt.

Reis kochen mit der Wasser-Reis-Methode

Für vier Personen:
Hierzu wird 500 ml leicht gesalzenes Wasser zum Kochen gebracht und 250 g Reis dazu gegeben. Bei reduzierter Hitze und ohne Deckel köchelt der Reis ca. 15-20 Minuten, bis er gar ist (Packungsanweisung beachten). Danach wird der Reis in ein Sieb zum Abtropfen geschüttet.

Eleanor aus Australien (2006)
Im Deutschland esse die Leute weniger „Fast Food". Meine Gastmutter hat jeden Tag was gemacht. Oft war das große Essen um Mittag. Das Essen war fast immer im Pfanne gemacht mit Butter.
In meiner Familie in Australien sind wir Kinder älter und arbeiten, so wir essen nicht so oft als eine ganze Familie. Wir nutzen das Ofen und Grill viel mehr.

Risotto-Reis

Für 4 Personen wird eine geschälte und in feine Würfel geschnittene Zwiebel in Butter oder Öl leicht angedünstet, 250 g Langkornreis (oder spezieller Risotto-Reis) hinzugefügt und ebenfalls unter ständigem Rühren angedünstet. Nach und nach mit 500 ml Gemüsebrühe auffüllen. Einmal aufkochen lassen und dann bei reduzierter Hitze und bei gelegentlichem Umrühren ca. 20 Minuten lang ausquellen lassen.

Mit Parmesankäse, Kräutern und/oder Tomatenstückchen erhält Risotto den mediterranen Touch.

Milchreis

Milchreis ist ein schnell zubereitetes Essen (oder Dessert): 1 Liter Milch wird aufgekocht, dann werden 250 g Milchreis (also Rundkornreis), 1 Prise Salz, je 1 EL Zucker und Vanillezucker sowie 1 TL abgeriebene Zitronenschale dazugegeben. Hitze reduzieren und den Reis unter gelegentlichem Umrühren ca. 1/2 Stunde ausquellen lassen.

Dazu schmeckt ein schnell zuzubereitendes **Apfelkompott (Rezept s. S.13)**

Milchreis mit Apfelkompott anrichten, mit zerlassener Butter beträufeln und Zimtzucker (4 EL Zucker mit 1 TL Zimt vermischt) darüber streuen.

Die Teigwaren-Pasta-Nudel-Küche

Hier wollen wir nur über fertige Produkte sprechen, da die Herstellung von eigener Pasta schon etwas komplizierter und zeitaufwendiger ist.

Bei der Zubereitung vom Fertigprodukt als auch von frischer Pasta gilt:

In einem großen Topf Wasser aufkochen. Salz und 1 EL Öl hinzufügen. Pasta hineingeben und sprudelnd kochen lassen (gelegentlich umrühren), bis sie „al dente" ist. Nudeln sollten also nicht zu weich gekocht werden.

Nach dem Kochen wird die Pasta in ein Sieb gegossen und kurz mit heißem Wasser abgebraust. Die Garzeiten richten sich nach der Art der Pasta und sind jeweils auf der Packung vermerkt.

Die Gemüseküche

Das Wort „Gemüse" stammt aus den Zeiten der alten Germanen und bezeichnete alle Garten- und Feldfrüchte, die man zu „Mus" verarbeiten konnte, die man also solange kochte, dass sie anschließend püriert und gestampft werden konnten. Damals wusste man noch nicht, dass bei langem Kochen die Vitamine der diversen Gemüsesorten verloren gehen.

Für die Zubereitung von frischem Gemüse gelten folgende Faustregeln:

- Gemüse unzerkleinert waschen (viele Nährstoffe im Gemüse sind wasserlöslich).
- Wenn möglich, frisches unbehandeltes Gemüse nur mit einer Bürste gründlich säubern.
- Zerkleinertes Gemüse nicht unnötig an der Luft liegen lassen.
- Gemüse nicht zu stark salzen, sowie langes und starkes Erhitzen vermeiden.
- Die vitaminschonenste Zubereitungsmethode ist das Dünsten. Hierzu wird der Topfboden nur mit ca. 3 cm Wasser bedeckt und das Gemüse im Dünsteinsatz des Topfes gegart.
- Auch die Zubereitung im Wok oder einer tiefen, beschichteten Pfanne ist sehr zu empfehlen. Dabei wird das zerkleinerte Gemüse mit etwas gutem Olivenöl bei mittlerer Hitze unter ständigem Rühren angebraten und schnell bis zur gewünschten Bissfestigkeit gegart. Zum Schluss mit Salz und Pfeffer würzen.

Frisches Gemüse schmeckt nicht nur lecker, man kann mit geringem Aufwand daraus auch **Dekorationen** für Gerichte herstellen:

- ein paar Stängel Petersilie, Dill und Schnittlauch als Strauß gebunden
- eine streifig geschälte Gurke, in Halbmonde geschnitten
- ein Tomatenröschen
- ein mit Porreestreifen zusammengebundenes Möhrenbündel
- ein Blumentopf aus einer Möhre geschnitzt (siehe Retro-Buffet)
- ein Radieschen als „Käsemaus" (siehe Käseplatte)
- eine in Ringe geschnittene Paprikaschote

Die Früchteküche

Nichts geht über vollreife Früchte aus dem eigenen Garten! Das ist heute leider nur noch einigen Wenigen vergönnt. Auf Wochenmärkten oder in gut sortierten Supermärkten findet man jedoch eine reichliche Auswahl an Äpfeln, Aprikosen, Erdbeeren & Co.

Für das Verarbeiten gilt all das, was unter „Gemüseküche" angegeben wird: waschen, faule Stellen rausschneiden, etc. Roh genossen ist Obst natürlich am gesündesten.

Um eine Verfärbung nach dem Anschneiden (z. B. bei Äpfeln) zu vermeiden, reichen ein paar Spritzer Zitronensaft auf die Schnittflächen.

Ein leckeres **Apfelkompott** ist schnell gekocht: 8 Äpfel werden geschält und gewürfelt, in einem Topf mit 200 ml Apfelsaft und 2 EL Zucker zunächst aufgekocht und dann bei reduzierter Hitze ca. 5-8 Minuten gedünstet.

Als Soße zu Pudding oder Eis sollte man mal **Fruchtpüree** versuchen: Hierzu werden rohe oder leicht gegarte Früchte mit einem Mixstab fein zerkleinert und eventuell durch ein Sieb gestrichen. Anschließend wird mit feinem Zucker oder Puderzucker abgeschmeckt - und manchmal können ein paar Tropfen Rumaroma eine langweilige Fruchtsoße richtig aufpeppen.

Marleen (Dominikanische Republik 2006)
In meinem Austauschjahr hat mich besonders die Vielfalt an exotischen Früchten und Gemüse fasziniert: Wenn man sie nicht selbst im Garten hatte, konnte man in jedem Colmado (kleiner Tante-Emma-Laden) Papaya, frische Ananas, Mango und viele andere Früchte, für die es auf deutsch gar keine Namen gibt, kaufen. Meine Familie machte sich anfangs immer über mich lustig, als sie sahen, wie ich mich freute, wenn sie mir Kokosnüsse mitbrachten.

Die Eierküche

Was war zuerst da? Die Henne oder das Ei? Bei dieser Frage haben sich schon die alten Griechen die Haare gerauft, konnten das Problem aber nicht lösen.

Bei der Verwendung von Eiern muss unbedingt auf die Herkunft und das Frischedatum geachtet werden.

Angesichts der heutigen Massentierhaltung mit ihren gesundheitlichen Risiken für Mensch und Tier sollten nur Eier aus Freilandhaltung gekauft werden. Okay, sie kosten etwas mehr, aber sie sind ihr Geld auch wert!

Gekochte Eier
Eier mit einem Eierpiekser anstechen, damit sie nicht platzen. Nur im Notfall alternativ eine dicke Nadel oder einen Schaschlikspieß aus Metall nehmen und sehr vorsichtig ein kleines Loch in eine Unterseite bohren. Eier einzeln mit einer Schöpfkelle in das kochende Wasser einlegen.

Weich gekochte Eier verweilen für 5-6 Minuten in sprudelnd kochendem Wasser, **hart gekochte Eier** hingegen für 10 Minuten. Nach Ablauf der Kochzeit nimmt man die Eier mit der Kelle aus dem kochenden Wasser und schreckt sie kurz unter laufendem kalten Wasser ab, damit sie sich anschließend besser pellen lassen.

Spiegelei
Ein Spiegelei wird in einer beschichteten Pfanne mit etwas Fett gebraten, bis das Eiweiß gestockt und nicht mehr glibberig ist. Anschließend mit Salz und Pfeffer würzen.

Rührei
Ein Rührei für 2 Personen bereitet man aus 2 - 3 Eiern zu, die mit 1 EL Milch, einer Prise Salz und etwas Pfeffer gut verquirlt werden. Fett in der beschichteten Pfanne erhitzen, die Ei-Mischung hineingeben und bei schwacher Hitze stocken lassen, wobei man mit dem Holzlöffel gelegentlich umrührt. Mit gekochtem, kleingewürfelten Schinken, Tomaten und Kräutern hat man eine leckere Variante.

Julia (Venezuela 2008)
Hier mein ultimativer Tipp: Pfannkuchen! Hier gibt's zwar auch Pfannkuchen, aber alle sagen, dass meine super-lecker sind und ich mache sie fast jedes Wochenende.

Für die Pfannkuchen einfach nur Mehl - ohne Backpulver -, Milch, für jede Person ein Ei und etwas Zucker (nicht viel) mischen und dann in der Pfanne backen. Bananen- oder Apfelscheiben auf den Teig legen; beim Wenden karamellisieren sie leicht... und ruhig ein wenig dickere Pfannkuchen backen ;-) - die sind besonders lecker.

Die Soßenküche

Mit den Soßen verhält es sich im Grunde wie mit den Gewürzen: sie dürfen den Eigengeschmack des Gerichtes nicht verdecken. Hier ist das Grundrezept für eine helle Soße, die mit einer Mehlschwitze (Mehl wird in Butter „angeschwitzt") hergestellt wird:

Grundrezept Helle Soße

40 g Butter oder Margarine in einem Topf zerlassen, 40 g Mehl dazugeben und unter Rühren anschwitzen, dann 500 ml Fleischbrühe zugießen und bei starker Hitze und ständigem Rühren zum Kochen bringen. Dann mit Salz und einer Prise Zucker würzen und noch ca. 5 Minuten köcheln lassen.

Varianten

Für eine **dunkle Soße** gibt man einfach einen Teelöffel Zucker in eine Pfanne mit etwas Butter, lässt den Zucker anbräunen, gibt diesen dann in die helle Soße und rührt, bis sich der Zucker aufgelöst und die Soße eine dunklere Farbe angenommen hat.

Um eine **Senfsoße** herzustellen, verfährt man wie bei der hellen Soße, verwendet aber 250 ml Fleischbrühe und 250 ml Milch. Dazu gibt man 4-5 EL mittelscharfen Senf und etwas Zucker dazu und würzt die Soße dann herzhaft mit Maggi o.ä. Mit einem weich gekochten Ei und Kartoffelpüree ein schnelles und leckeres Essen.

Für eine **Käsesoße** verwendet man ebenfalls das Grundrezept, allerdings ersetzt man die Fleischbrühe vollständig durch Milch, gibt dann ca. 150 bis 200 g geraspelten Käse hinzu und rührt solange, bis sich dieser aufgelöst hat. Pikant abschmecken mit etwas Zitronensaft, Salz und Zucker. Genial für alle Pastagerichte.

Und nun noch die **Béchamelsoße**, für die eine gewürfelte Zwiebel und 125 g gewürfelter Frühstückspeck in 30 g Butter angedünstet und mit je 250 ml Fleischbrühe und Milch aufgefüllt und aufgekocht wird. Anschließend mit Salz, Pfeffer, geriebener Muskatnuss und einem Spritzer Zitronensaft abschmecken. Die Béchamelsoße passt quasi zu allem.

Jede der oben beschriebenen Soßen lässt sich natürlich noch mit einem Schuss Sahne oder Crème Fraiche veredeln.

Die Gewürz- und Kräuterküche

Die Kunst des richtigen Würzens gehört eigentlich schon zur „Hohen Schule" des Kochens, denn hier kommt es auf Fingerspitzen- und Gaumengefühl an.

Wichtig bei der Verwendung von Kräutern ist erstens, dass der Eigengeschmack des Gerichtes nicht durch die Kräuter übertüncht werden darf und zweitens soll man „erschmecken" können, welches das Hauptgewürz in dem jeweiligen Gericht ist. Das bedeutet also, dass man nicht zu viel verschiedene Gewürze in einem Rezept verarbeiten sollte. Bei der Verwendung von Kräutern sollte man so sparsam wie möglich mit Salz umgehen, um den Eigengeschmack der Kräuter hervorzuheben. Und last but not least sollten die Kräuter und Gewürze, um das Aroma bestmöglich zu erhalten, immer erst kurz vor Garende dem Gericht beigefügt werden.

Was früher für uns noch exotisch war, ist heute überall zu bekommen: Frische Kräuter aus aller Herren Länder. Hier gilt natürlich immer, dass die Kräuter zuerst gründlich mit kaltem Wasser abgebraust werden müssen. Bei getrockneten und pulverisierten Gewürzen ist darauf zu achten, dass diese stets in einer gut verschlossenen Dose oder einem Schraubglas aufzubewahren sind.

Hier ein kurzer Überblick über die gebräuchlichsten Gewürze und Kräuter und deren Verwendung, einzeln oder als Mischung:

Basilikum: eignet sich hervorragend für alle Tomaten- und mediterranen Gerichte. Für eine Mischung bieten sich Salbei, Thymian und Rosmarin an.

Cayennepfeffer: Vorsicht bei der Dosierung, hierbei handelt es sich um eine sehr scharfe Sache! Hergestellt wird der Cayennepfeffer aus getrockneten und gemahlenen Chilischoten. Verwendung bei Steaks und pikanten Soßen.

Curry: Ohne Curry geht nichts in der Indischen und Fernöstlichen Küche. Curry ist eine Gewürzmischung aus vielen exotischen Gewürzen. Jede Familie in den Herkunftsländern des Curry hat ihre eigene Zusammensetzung. Curry eignet sich hervorragend für Reis- und Huhngerichte sowie für Soßen.

Kapern: Kapern werden im Handel in Gläsern mit Essig-Salzlösung verkauft; sie finden Verwendung bei Suppen, Ragouts und in unserem Rezept für „Königsberger Klopse".

Kümmel: Kümmel ist ein „Muss" bei allen Kohlgerichten wegen seiner magenstärkenden Wirkung, aber auch lecker für Kartoffeln, pikanten Quarkspeisen sowie Käsegebäck.

Lebkuchengewürz: Für die typisch deutsche Weihnachtsbäckerei ist diese Mischung aus mehreren Gewürzen unerlässlich. Hauptbestandteil ist Zimt, dazu kommen gemahlene Nelken und in kleineren Mengen Piment, Koriander, Ingwer, Kardamom und Muskatnuss, manchmal auch Anis und Macisblüte.

Lorbeer: ein getrocknetes Lorbeerblatt gibt Fleisch und Suppen ein unvergleichliches Aroma.

Muskatnuss: den intensivsten Geschmack erhält man beim Reiben der harten Muskatnuss auf einer feinen Küchenreibe, aber auch das in Dosen erhältliche Pulver veredelt herzhafte Suppen, Kartoffelgerichte, Gemüse und gehört unbedingt zur Weihnachtsbäckerei.

Nelken: Nelken sind getrocknete Blütenknospen des Gewürznelkenstrauchs und unerlässlich bei der Weihnachtsbäckerei, für Kompott, Suppen, Rotkohl und Fleischgerichte (sowie für Glühwein - alkoholische Rezepte haben wir ja nicht in diesem Buch, aber unten findest du ein Rezept für alkoholfreien Punsch).

Orangeat und Zitronat: hierbei handelt es sich um kandierte Schalen von Mittelmeerfrüchten, die bei uns hauptsächlich Verwendung in der Weihnachtsbäckerei finden.

Paprikapulver: gibt es in verschiedenen Geschmacks- und Schärfevarianten: Paprikapulver edelsüß und halbsüß sind recht mild, Rosenpaprika ein echter „Scharfmacher".

Petersilie und Schnittlauch: sind die meistverwendeten Küchenkräuter, die, kleingehackt, immer erst zum Schluss dem Gericht beigefügt werden dürfen. Wenn man sie nicht als Geschmackszutat benötigt, dann eignen sie sich auf alle Fälle für die Dekoration des Gerichtes auf dem Teller.

Rosmarin, Thymian und Salbei: passen - siehe auch Basilikum - zu allen Tomatengerichten und mediterranen Speisen.

Wacholderbeeren: geben Suppen und Sauerkrautgerichten eine leckere Note.

Zimt: wird auch Kaneel genannt. Gibt es entweder als Stangenzimt oder als gemahlenes Pulver. Je heller und dünner die Stangen sind, umso edler ist die Zimtsorte. Verwendung: Kompotte, Quarkspeisen, Weihnachtsbäckerei.

Anna (USA 2005)

Bei Ausflügen in die verschneite Winterwelt Oregons kam mein <u>alkoholfreier Punsch</u> immer super an! Einfach 1,5 Liter Wasser und einen halben Liter Orangensaft o.ä. mit drei bis vier Nelken und einer Stange Zimt aufkochen, einige Beutel Früchtetee reinhängen und ca. 10 Minuten ziehen lassen. Nach Geschmack süßen und in Thermoskannen umfüllen - fertig.

Die Backküche

Ein Kuchen oder eine Torte als Glanzstück häuslicher Backkunst hat eine sehr alte Geschichte. Unsere germanischen Vorfahren bereiteten den Vorläufer der Torte in Form von Fladen aus Mehl und Honig und verspeisten sie zum Sonnenwendfest. Gebackene Kranzkuchen legten die Germanen den Toten mit ins Grab. Auf christliche Bräuche sind das Osterbrot, der Faschingskrapfen oder der Christstollen zurückzuführen. Und so entwickelte sich im Laufe der Jahrhunderte eine Vielzahl von verschiedenen Back- und Kuchenarten, angefangen beim Knetteig über den Rühr-, Hefe-, Biskuit-, Blätterteig und so weiter.

Hier sind ein paar allgemeine Backregeln:
- Alle Zutaten vor Arbeitsbeginn zusammenstellen und möglichst alles auf Zimmertemperatur halten (das gilt vor allem für Butter oder Margarine, es sei denn, das Rezept schreibt kalte Zutaten vor).
- Den Ofen rechtzeitig auf die vorgeschriebene Temperatur vorheizen.
- Mehl muss eventuell vor der Teigherstellung gesiebt werden, um Klumpen zu vermeiden.
- Backbleche oder Kuchenformen sorgfältig mit Butter auspinseln oder mit Backpapier auslegen.
- Kuchenformen nicht bis zum oberen Rand hin mit Teig füllen bzw. Plätzchen nicht zu dicht auf das Backblech legen. Der Teig braucht Platz, um beim Backen aufgehen zu können.
- Den Kuchen ca. 10 Minuten in der Form lassen, bevor er auf ein Tortengitter gestürzt wird.

Rührteig

Der Rührteig ist die Grundlage für alle Arten von Napfkuchen (siehe unser Rezept für Marmorkuchen, Sandkuchen oder Frankfurter Kranz).

Wichtig bei der Verarbeitung ist die Reihenfolge. Erst wird die Butter oder Margarine in der Küchenmaschine oder mit dem Handmixer mit Rühraufsatz schaumig gerührt, dann folgen Zucker und Eier und dann Vanillezucker und weitere Geschmackszutaten. Je länger man rührt, desto lockerer wird der Kuchen. Zum Schluss wird das gesiebte Mehl, vermengt mit dem Backpulver sowie - je nach Rezept - der Speisestärke, untergehoben, im Wechsel mit der vorgeschriebenen Milchmenge.

Die sorgfältig mit Butter ausgepinselte Form sollte noch mit Semmelmehl ausgestreut werden, damit sich der Kuchen nach dem Backen besser aus der Form lösen lässt. Ist der Kuchen fertig? Mach die Stäbchenprobe (s. Küchenlatein Seite 20).

Returnees Janec (China, 2007) u
Elisa (Brasilien, 2008) sind stolz auf ihr
leckeren Christstollen - ab in den Ofen dam

Mürbeteig

Der Mürbeteig wird in unseren Rezepten für die Herstellung von Gebäck (Weihnachtsgebäck) verwendet. Er muss relativ schnell verarbeitet werden, weil der Teig durch die Zimmertemperatur schnell zu klebrig wird.
Als Arbeitsgerät wird der Handmixer oder die Küchenmaschine mit Knethaken verwendet. Bei der Weiterverarbeitung des Teiges sollten die Arbeitsfläche, das Nudelholz und die Hände mit Mehl bestäubt werden, um ein Ankleben zu verhindern.

Einen Teigboden sticht man vor dem Backen mehrmals mit einer Gabel ein, damit sich keine Luftblasen bilden. Wenn man den Knetteig für einen Obstkuchen herstellt, sollte etwas Semmelmehl auf den gebackenen Teigboden gestreut werden, bevor das Obst draufgelegt wird. Dann wird der Kuchen nicht matschig durch den entstehenden Obstsaft.

Hefeteig

Die Zubereitung von Hefeteig gilt irgendwie immer noch als eine Herausforderung für die Köchin bzw. den Koch, denn der Hefeteig braucht Zeit und die richtige Temperatur. Früher gab es nur frische Hefe in Form von Würfeln. Die heutigen Produkte, also Trockenhefe oder „Garant"-Hefe, machen den Hefeteig zu einem Selbstgänger. Wir verwenden daher für unsere Hefeteigrezepte nur Trockenhefe.

Und so gelingt der Hefeteig:
Zuerst kommt das Mehl, vermischt mit der Trockenhefe, in die Rührschüssel. Nun drückt man eine Mulde in die Mitte der Mehlmischung, gibt die leicht angewärmte Milch, den Zucker und Eier (je nach Rezept) dazu und verrührt alles miteinander. Zum Schluss wird die Butter untergeknetet, dazu den Knethaken verwenden.

Danach deckt man die Teigschüssel mit einem sauberen Geschirrtuch ab und stellt sie an einen warmen, zugfreien Ort (z. B. in den Ofen, den man vorher auf 50°C erwärmt und dann wieder ausgestellt hat, oder in die Sonne).

Nach ca. 30-45 Minuten hat sich der Teig ungefähr verdoppelt. Er wird dann nochmals gut durchgeknetet, am besten mit bemehlten Händen. Danach sollte er nochmals zugedeckt ca. 15 Minuten ruhen. Nun ist der Teig fertig zum Weiterverarbeiten auf der bemehlten Arbeitsfläche.

So einfach ist das mit dem Hefeteig!

Küchenlatein

abdämpfen: Kartoffeln oder Gemüse bleiben im Topf bei ausgeschalteter Hitze solange, bis die Restflüssigkeit verdampft ist.

altbacken: hat in der Kochsprache nichts mit altmodisch zu tun. Als altbacken bezeichnet man Brötchen, die schon mindestens einen Tag alt und etwas ausgetrocknet sind.

binden: Soßen oder Suppen werden „gebunden", indem man Mehl oder Speisestärke mit etwas Wasser verquirlt und unter die kochende Flüssigkeit rührt.

einweichen: getrocknete Hülsenfrüchte müssen mindestens 12 Stunden in Wasser eingeweicht werden, damit sie anschließend gekocht werden können. Altbackene Brötchen werden eingeweicht, um anschließend mit z.B. Hackfleisch zu Buletten verarbeitet zu werden.

gestrichener (gestr.) Löffel: ein glatt gestrichener Löffel

gehäufter (geh.) Löffel: so viel, wie auf einen Löffel drauf passt.

glasig dünsten: z.B. Zwiebeln werden im heißen Fett erhitzt und unter Rühren solange gebraten, bis sie goldgelb sind (glasig).

Prise: der Begriff kommt aus dem Französischen (prendre = nehmen), und beschreibt eine Menge, die man mit 2 Fingern (Daumen und Zeigefinger) fassen kann.

scharf anbraten: z. B. Fleisch bei hoher Temperatur anbraten, so dass es schnell anbräunt.

siedendes Wasser: sehr heißes Wasser, kurz bevor es sprudelnd kocht.

Spritzbeutel: Tüte aus festem Stoff oder Kunststoff mit verschiedenen, auswechselbaren Aufsätzen. Mit Sahne befüllt, verwendet man den Spritzbeutel z.B. zum Dekorieren von Torten oder Gebäck.

Stäbchenprobe: zum Kontrollieren, ob ein Kuchen gar ist: Dazu wird ein Holzstäbchen in die Mitte des Kuchen gestochen. Wenn beim Herausziehen des Stäbchens keine Teigreste daran hängen bleiben, ist der Kuchen fertig

ziehen lassen: etwas in heißer Flüssigkeit garen, ohne es zum Kochen zu bringen

Han aus Malaysia (2005)

hat sich gewissenhaft Notizen gemacht, wenn er mit seiner Gastmutter in der Küche werkelte. Hier seine Definition der <u>Stäbchenprobe</u>:

„Pierce mit ein sharp ding. Wenn es didn't stick at the ding after piercing, dann ist fertty. Ob die Mittle ist nicht fertty, dann wechseln die temperature bist … °C."

Küchenmathematik

Ein leidiges Thema - die Umrechnung US-amerikanischer Maßeinheiten in unsere üblichen Dezimalmaße und umgekehrt.

In den englischen Rezepten haben wir die Zutaten bereits weitestgehend in Einheiten angegeben, die in den USA üblich sind.

Hier folgen noch einmal diverse Umrechnungstabellen. Bitte beachte, dass die Angaben meist nur Näherungswerte sind, die aber für den Küchenalltag völlig ausreichen. Das Zeichen „~" bedeutet „entspricht etwa".

Gewichte

In den USA ist die gängigste Gewichtseinheit für Lebensmittel *ounces*, Abkürzung *ozs*. Das Einheitenzeichen für *pound* ist *lb*, eine uralte Bezeichnung aus dem Lateinischen.

Das *pound*, also 16 ozs, entspricht nicht ganz unserem deutschen Pfund, das ja exakt 500 g beträgt und im deutschen Sprachgebrauch noch zu finden ist, obwohl es diese Bezeichnung offiziell schon lange nicht mehr gibt.

		1	oz.	~	30 g	~	0,03 kg
		5	ozs.	~	140 g	~	0,14 kg
		10	ozs.	~	280 g	~	0,28 kg
		12	ozs.	~	340 g	~	0,34 kg
		15	ozs.	~	420 g	~	0,43 kg
1 lb	=	16	ozs.	~	450 g	~	0,45 kg
2 lbs				~	900 g	~	0,90 kg

30 g			~	1 oz.
75 g			~	2,5 ozs.
100 g			~	3,5 ozs.
125 g			~	4,5 ozs.
200 g			~	7 ozs.
250 g	=	1/4 kg	~	9 ozs.
500 g	=	1/2 kg	~	1 lb + 2 ozs.
750 g	=	3/4 kg	~	1 lb + 11 ozs.
1000 g	=	1 kg	~	2 lb + 3,5 ozs.

Cups

Jeder amerikanische Haushalt hat sie: eine Kollektion von cups in den Größen 1/4, 1/3, 1/2 und 1 cup. Es gibt kaum ein amerikanisches Rezept, das sich nicht auf diese Maßeinheit bezieht.

1/4 cup	Mehl	~	30 g
1/3 cup	Mehl	~	40 g
1/2 cup	Mehl	~	60 g
1 cup	Mehl	~	120 g
1/4 cup	Zucker	~	55 g
1/3 cup	Zucker	~	75 g
1/2 cup	Zucker	~	110 g
1 cup	Zucker	~	220 g
1/2 cup	Puderzucker	~	50 g
1 cup	Puderzucker	~	100 g

Flüssigkeiten

Flüssigkeiten werden in den USA sowohl in *cups* als auch in *fluid ounces* (*fl. ozs.*) bemessen. Auch hier gilt: so einfach wie möglich umrechnen, Näherungswerte sind in der Küche erlaubt!

1 Cup ~ 240 ml

Faustregel: 1 Liter = 4 cups

0,125 l	=		125 ml	~	8 EL
0,25 l	=	2,5 dl =	250 ml	~	1 cup
0,5 l	=	5 dl =	500 ml	~	2 cups
1 l	=	10 dl =	1000 ml	~	4 cups

1 fl. oz.	~	30 ml
5 fl. ozs.	~	150 ml
1 pint = 16 fl. ozs.	~	475 ml
1 gallon = 8 pints	~	3,8 Liter

In **Skandinavien** werden Rezeptzutaten statt in Gramm (*g*) oftmals in Deziliter (*dl*) angegeben. (1 dl = 100 ml)

1 dl Zucker	~	110 g Zucker
1 dl Puderzucker	~	55 g Puderzucker
1 dl Mehl	~	75 g Mehl
1 dl Stärkemehl	~	75 g Stärkemehl

Weitere nützliche Maßeinheiten

In unseren Rezepten verwenden wir häufig den Begriff **Teelöffel** (*TL* bzw. *tsp*) und **Esslöffel** (*EL* bzw *tblsp*). Wenn nicht anders angegeben, gehen wir dabei immer von glatt gestrichenen (*gestr.*) Tee- bzw. Esslöffeln aus. Dabei gilt:

Für Kuchen nutzen wir **Kastenformen** von ca. 26 cm Länge (mittelgroß, ~ 10") bzw. 30 cm Länge (groß, ~ 12"), unser **Backblech** hat die Abmessungen ca. 41 x 36 cm (~ **16 x 14"**).

1 TL bzw. 1 tsp = 5 ml
1 EL bzw. 1 tblsp = 15 ml

In Deutschland gibt es traditionell in praktische kleine Päckchen abgepackte **Backzutaten**, die auch oft in diesen Einheiten in den Rezepten genannt werden. Wir haben mal abgemessen:

1 Päckchen Vanillezucker	=	7 g	= 1 gestr. EL
1 Päckchen Trockenhefe	=	7 g	= 1 gestr. EL
1 Päckchen Backpulver	=	15 g	= 2 1/2 gestr. EL
1 Päckchen Puddingpulver	=	37 g	

Temperaturen

In den USA werden Temperaturen generell in Grad Fahrenheit gemessen (° F). Für unsere Gerichte aus dem Backofen kann man auch hier mit Näherungswerten arbeiten, zumal sich eine ganz exakte Temperatur wohl niemals erreichen lässt.

Alle Temperaturen beziehen sich auf konventionelle Elektroherde mit Ober- und Unterhitze. Bei Umluftherden müssen die Backofentemperaturen ca. 30° C (~ 85° F) niedriger eingestellt werden.

$$
\begin{array}{ll}
50° C = 122° F & 125° F \sim 50° C \\
100° C = 212° F & 225° F \sim 105° C \\
150° C = 302° F & 300° F \sim 150° C \\
175° C = 347° F & 350° F \sim 175° C \\
200° C = 392° F & 400° F \sim 205° C \\
220° C = 428° F & 425° F \sim 220° C \\
250° C = 482° F & 475° F \sim 245° C \\
\end{array}
$$

Bei Gasherden entsprechen die Temperaturen folgenden Stufen :

175 - 200° C (350 - 390° F) ~ Gasstufe 1-2
200 - 225° C (390 - 435° F) ~ Gasstufe 3-4
225 - 250° C (435 - 480° F) ~ Gasstufe 4-5

Sai Ma aus China (2004)

Meine Gastmutter las viele Kochbücher, damit sie dem Kochprozess besser folgen konnte. Sie wusste immer genau, dass wie viele Kilogramm von Weizenmehl oder wie viele Liter von Wasser sie brauchte. Ich habe einmal die typische chinesische Speise Jiaozi (normalerweise essen wir Chinesen zu Neujahr) für meine Gastfamilie gekocht. Meine Gastmutter hat mich gefragt, wie viel Fleisch und Weizenmehl ich benutzen sollte. Aber das wusste ich eigentlich auch nicht genau, weil wir Chinesen immer mit unserem Gefühl kochen. Ich glaube, das ist auch der Grund, warum die Fastfood z.B. MacDonald und KFC in den westen Ländern entstanden sind. Sie haben nämlich den gleichen Produktionsprozess. Aber das chinesische Essen gibt es fast keine Genauigkeit.

Allgemeine Tipps

- Kochen und Backen macht Spaß! Nicht nur allein, sondern vor allem im Team, z. B. mit Gastmutter, Gastgeschwistern, Freunden oder anderen Austauschschülern.

- Bevor du startest: Rezept vollständig durchlesen und genügend Zeit für die Zubereitung einplanen. Alle Zutaten vor der Zubereitung zurechtstellen und abmessen.

- Bei allen Gerichten, die „Handarbeit" verlangen, ist es ratsam, Ringe vorher abzunehmen. Auch Armreifen und -bänder sind eher lästig.

- Nach Möglichkeit nur gute und frische Zutaten verwenden, z.b. kaltgepresstes Olivenöl, frisches Gemüse und Obst.

- Bei Verwendung von Zitrusfrüchten (z. B. Zitronen) vorzugsweise unbehandelte, also ungespritzte Ware nehmen („Bio"). Auf alle Fälle müssen Zitrusfrüchte vor der Verarbeitung immer heiß abgespült und dann abgetrocknet werden.

- Petersilie, Schnittlauch und alle anderen Kräuter unter fließend kaltem Wasser abspülen und mit Küchenpapier trocken tupfen.

- Zusammenbau von Torten: es hat sich bewährt, eine Torte gleich auf dem Teller zu dekorieren, auf dem sie später serviert wird. Rings um den Tortenboden legst du Pergamentpapier, das später nur weggezogen wird und der Tortenteller somit sauber bleibt.

- Milch niemals unbeaufsichtigt auf dem Herd aufkochen. Sie schäumt sehr schnell über.

- Das Essen war prima, du hast viel Lob bekommen - aber rund um Spüle und Herd tobt das Chaos? Bitte nach dem Kochen bzw. Backen die Küche wieder in den Urzustand versetzen.

- Am Ende dieses Buches gibt es ein paar leere Seiten, auf denen du dir eigene Lieblingsrezepte von zu Hause notieren kannst.

- Gastgeschenke aus der Küche: Die Mitnahme von Lebensmitteln wird vom jeweiligen Gastland teilweise sehr streng reglementiert (z. B. USA). Bevor es unliebsame Überraschungen bei der Einreise gibt, erkundige dich bitte vorher genau über die Einfuhrbestimmungen.

- Unkomplizierte Mitbringsel sind
  - dieses Buch
  - Spätzlehobel oder -presse (mit Gutschein über eine Mahlzeit „Käsespätzle")
  - kleine, hochwertige Küchenutensilien (z. B. Käsehobel, Eierpick, Nudellöffel, Eieruhr, etc.)
  - Ausstechformen aus Metall (mit Lebkuchenrezept)
  - witzige Küchenschürze (ggf. selbst bedrucken), Topflappen, Küchenhandtücher...

- Vorsicht bei allem, was mit Alkohol zu tun hat (Bierkrüge, Schnapsgläser, Pralinen mit Alkohol). In einigen Familien kommt das absolut nicht gut an.

Erste-Hilfe-Küchenkurs

Was tun, wenn irgend etwas schiefläuft?

> **angebrannte Töpfe oder Pfannen:** etwas Wasser in den Topf oder die Pfanne geben und Maschinengeschirrspülpulver reinstreuen. Nach einer Weile lässt sich das Angebrannte problemlos auswischen.

> **die Suppe ist versalzen:** mit einem oder zwei Teelöffeln Honig wird Abhilfe geschaffen. Oder eine geriebene Kartoffel in die Suppe geben.

> **der Kuchen ist etwas zu braun gebacken:** Nimm eine Küchenreibe und reibe die braune Oberfläche entsprechend ab. Eventuell etwas Puderzucker drüber sieben!

> **das Gemüse ist ein wenig angebrannt:** Schütte das angebrannte Gemüse durch ein Sieb in einen anderen Topf und lass es 5 Minuten ausdünsten. Entferne die angebrannten Teile und setze das gerettete Gemüse in einem neuen Topf wieder auf.

> **beim Zwiebelpellen tränen die Augen:** Zwiebeln immer unter fließendem Wasser pellen. Dann gibt es viele Möglichkeiten zum tränenfreien Schneiden der Zwiebeln: entweder einen Schluck Wasser in den Mund nehmen, oder ein Geschirrtuch vor Nase und Mund binden, oder eine Taucherbrille aufsetzen, oder - Augen zu und ganz vorsichtig bis zu den Fingerkuppen schneiden!

> **ich habe mich verbrannt:** verbrannte Stelle sofort unter fließendes kaltes Wasser halten, anschließend mit Brandsalbe versorgen.

So, und nun:

RAN AN DIE TÖPFE!

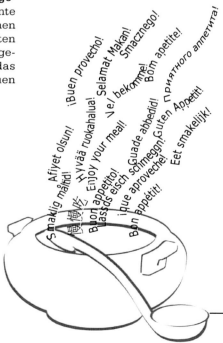

Deftiges an kühlen Tagen

Erbsensuppe S. 28

Kartoffelsuppe S. 30

Linseneintopf S. 32

Käse-Hack-Suppe S. 34

Erbsensuppe

Zutaten für 4 Personen:

600 g	Kartoffeln
200 g	Karotten
4	mittelgroße Zwiebeln
2 EL	Öl
1 l	Gemüsebrühe
700 g	Tiefkühlerbsen
	Salz und Pfeffer
4	Wiener Würstchen
2 EL	gehackte Petersilie

Zubereitungszeit: ca. 45 Min.

Und so wird's gemacht:

1 Die Kartoffeln und Karotten schälen und in kleine Würfel schneiden, die Zwiebeln schälen und ebenfalls würfeln.

2 In einem großen Topf werden nun die Zwiebeln im Öl angeschmort, bis sie hellgelb sind, dann kommen die Kartoffeln und Karotten dazu. Unter ständigem Rühren alles 2-3 Minuten weiterschmoren.

3 Dann gießt du Gemüsebrühe dazu (Vorsicht: heißer Dampf!). Bei starker Hitze die Suppe zum Kochen bringen und ca. 10 Minuten bei reduzierter Hitze köcheln lassen.

4 Jetzt kommen die Tiefkühlerbsen in die Suppe und werden ca. weitere 10 Minuten mitgekocht.

5 Nun füllst du etwa die Hälfte der Suppe in einen zweiten Topf und pürierst die Suppe so lange mit einem Mixstab (Schneidestab), bis alle Gemüsestücke zerkleinert sind. Dann wird alles wieder in den ersten Topf umgegossen, aufgekocht und mit Salz und Pfeffer gewürzt.

6 Zum Schluss werden die Wiener Würste in die Suppe gelegt und erhitzt. Dabei darf der Deckel nicht auf den Topf gelegt werden, denn sonst platzen die Würste.

7 Zum Anrichten etwas Petersilie auf die Suppe streuen.

Suppen und Eintöpfe sind besonders lecker in der kalten Jahreszeit - eine Erfahrung, die Paula aus Brasilien zum ersten Mal macht...

Pea Soup

Ingredients for 4 persons:

3 cups	potatoes, peeled and cubed
1 1/2 cups	carrots, peeled and cubed
4	onions, medium size
2 tblsp	oil
4 cups	natural vegetable cooking stock
25 ozs	deep frozen peas, thawed
	salt, pepper
4	knockwurst or Wiener Sausage
2 tblsp	chopped parsley

Preparation time: about 45 min.

And here's how it's done:

1 In a large pot, heat oil, add chopped onions, stir and boil until golden. Add vegetables (potatoes and carrots), stir until light brown.

2 Then add vegetable stock (attention: hot steam!). Bring to a boil, stirring occasionally, and over reduced heat simmer for about 10 minutes.

3 Add peas, increase heat again and let boil for another 10 minutes.

4 Pour about half of the liquid into a bowl and purée with a blender or food processor.

5 Return purée to soup pot, bring to a boil again and season to taste with salt and pepper.

6 Finally add sausages and heat them without lid to prevent them from bursting.

7 Garnish with chopped parsley.

Kartoffelsuppe

Zutaten für 4-6 Personen:

600 g	Kartoffeln
200 g	Sellerie
200 g	Karotten
2 Stangen	Porree
1,5 l	Wasser
4 EL	Butter oder Öl
2	Zwiebeln
5 Scheiben	Frühstücksspeck
3 EL	Mehl
	Salz, Pfeffer
	Maggi (oder Ähnliches)
6 EL	Sahne
3 El	gehackte Petersilie
4	Wiener Würstchen

Zubereitungszeit: ca. 40 Min.

Und so wird's gemacht:

1 Zunächst müssen die Kartoffeln und das Gemüse geschält und in kleine Würfel geschnitten werden.

2 Zusammen mit dem Wasser wird alles in einem großen Topf aufgesetzt und zum Kochen gebracht. Bei reduzierter Hitze lässt du die Suppe dann ca. 20 Minuten köcheln - gelegentlich mal umrühren.

3 Suppe vom Herd nehmen und etwas abkühlen lassen. Mit einem elektrischen Mixstab wird die Suppe nun püriert, bis alle Kartoffel- und Gemüsewürfel zerkleinert sind.

4 In einer kleinen Pfanne lässt du das Fett heiß werden und gibst die geschälte und in kleine Würfel geschnittene Zwiebel sowie den ebenfalls in kleine Stücke geschnittenen Frühstücksspeck hinzu. Beides soll leicht anbräunen.

5 Dann streust du das Mehl darüber, und unter Rühren entsteht nun eine bräunliche Masse, eine Mehlschwitze.

6 Die Mehlschwitze wird nun in den Topf mit der Suppe gegeben, alles noch mal aufgekocht und mit Salz, Pfeffer und Maggi herzhaft abgeschmeckt.

7 Dann werden die Würste in die Suppe gelegt und erhitzt. Dabei darf der Deckel nicht auf den Topf gelegt werden, denn sonst platzen die Würste.

8 Zum Schluss kommen die Sahne zur Verfeinerung sowie die gehackte Petersilie hinzu.

VORSICHT: Wenn die Suppe aufkocht, blubbert es ganz ordentlich und die Spritzer können fiese Brandverletzungen verursachen. Falls es doch passiert, verbrannte Stelle gleich unter kaltes Wasser halten.

Potatoe Soup

And here's how it's done:

1 In a large pot, bring water to a boil together with potatoes and vegetables. Cover and cook over medium heat for about 20 minutes, stirring occasionally.

2 Remove pot from stove, cool couple of minutes, purée with an electric mixer / blender until well blended.

3 In a small non-stick skillet, heat oil resp. butter, add peeled and chopped onions together with bacon, stirring constantly until golden.

4 Sprinkle flour on top, stir until brown.

5 Transfer mixture to pot with soup, bring to a boil again and season with salt, pepper and Old Bay Seasoning to taste.

6 Heat sausages in soup pot without lid to prevent them from bursting.

7 Finally stir in heavy cream and serve the soup with chopped parsley.

Ingredients for 4-6 persons:

3 cups	potatoes, peeled and cubed
1 cup	celery, peeled and cubed
1 cup	carrots, peeled and cubed
1 cup	leek, sliced
4 tblsp	oil or butter
2	small onions
5 slices	bacon, diced
3 tblsp	all-purpose flour
6 cups	water
	salt, pepper
	Old Bay Seasoning
1/2 cup	heavy cream
3 tblsp	chopped parsley
4	sausages

Preparation time: about 40 min.

Attention: The boiling puréed soup will bubble a lot in the pot and sprinkles might cause mean burns on hands and arms. Cool eventual burns immediately under cold water.

Linseneintopf

Zutaten für 4 Personen:

125 g	Frühstücksspeck
2	Zwiebeln
ca. 500 g	Gemüse (Kartoffeln, Karotten, Sellerie, Porree)
250 g	Linsen*
2 EL	Öl
1 l	Gemüsebrühe
	Salz, Pfeffer
1 Prise	Zucker
3 EL	gehackte Petersilie

Nach Geschmack: Knackwürste, Wiener Würste oder Cabanossi

Zubereitungszeit: ca. 1 Std.

Und so wird's gemacht:

1 Die Zwiebeln und das Gemüse schälen und in kleine Würfel schneiden, ebenso den Frühstücksspeck. Linsen kalt abspülen und abtropfen lassen.

2 In einem großen Topf wird zunächst das Olivenöl erhitzt und darin die Zwiebel- und Speckwürfel ca. 3 Minuten goldbraun angebraten. Dabei ständig umrühren, damit nichts anbrennt.

3 Gemüsebrühe und Linsen zugeben, Deckel auf den Topf und bei mittlerer Hitze ca. 20 Minuten lang kochen. Dann kommt das kleingeschnittene Gemüse ebenfalls in den Topf und wird weitere 20 Minuten mitgekocht.

4 Nun werden die Würste in die Suppe gelegt und erhitzt. Dabei darf der Deckel nicht auf den Topf gelegt werden, denn sonst platzen die Würste.

5 Zum Schluss wird der Eintopf herzhaft mit Salz, Pfeffer und einer Prise Zucker abgeschmeckt und mit der gehackten Petersilie bestreut.

6 Empfehlung: Ganz lecker ist es, wenn man sich bei Tisch ein paar Spritzer Essig (Balsamico) auf die Suppe träufelt. Wenn du diese Variante noch nicht kennst - versuch's mal!

*Es gibt Linsen, die man nicht mehr einzuweichen braucht, die also gleich gekocht werden können. Falls diese Sorte nicht verfügbar ist, musst du die Linsen über Nacht in genügend Wasser einweichen und am nächsten Tag abgießen (das Einweichwasser nicht für die Suppe verwenden).

Lentil Stew

And here's how it's done:

1 Rinse lentils under cold water, drain in a sieve.

2 In a large pot, heat oil, add onions and bacon, fry for 3 minutes until light brown (stirring constantly).

3 Add vegetable stock and lentils, bring to a boil, then reduce heat, cover and let simmer. After 20 minutes add vegetables and let simmer for another 20 minutes.

4 Heat sausages in pot without lid to prevent them from bursting.

5 Season with salt, pepper and a dash sugar to taste and sprinkle with chopped parsley.

6 Recommendation: A very delicious pep-up for the soup are some dashes of white vinegar to be sprinkled on the stew when served. Try it - you will like it!

Ingredients for 4 persons:

4 ozs.	bacon, cubed
2	onions
3 cups	mixed vegetables (peeled and cubed potatoes, carrots, sliced leek)
9 ozs.	lentils*
2 tblsp	oil
4 cups	natural vegetable cooking stock
	salt, pepper
1 dash	sugar
	parsley
optional:	knockwurst, Wiener Sausage or Cabanossi

Preparation time: about 1 hour

*You might get lentils which do not need soaking so that they can be cooked instantly in the above mentioned time. In case such lentils are not available, soak lentils overnight, drain in a sieve (do not use soaking water) and proceed as per recipe.

Käse-Hack-Suppe

Zutaten für 4 Personen:

1 EL	Öl
250 g	Hackfleisch
1	mittelgroße Zwiebel
400 g	Kartoffeln
750 ml	Gemüsebrühe
200 ml	Schlagsahne
50 g	geraspelter Käse
	Salz, Pfeffer
1 EL	gehackte Petersilie

Zubereitungszeit: ca. 50 Min.

Und so wird's gemacht:

1 Zuerst bereitest du die Zutaten vor: Zwiebel schälen und in kleine Würfel schneiden, Kartoffeln schälen und auf der Gemüsereibe in feine Streifen raspeln, Petersilie waschen und hacken.

2 In einem Kochtopf wird nun bei starker Hitze das Öl erhitzt und das Hackfleisch darin angebraten, bis es braun ist. Wichtig: immer kräftig umrühren. Dann kommen die Zwiebelwürfel dazu und werden ca. zwei Minuten mitgeschmort.

3 Nun gießt du die Brühe mit in den Topf. Sobald alles aufgekocht ist, gibst du die geraspelten Kartoffeln dazu. Bei reduzierter Hitze muss die Suppe nun ca. 15-20 Minuten bei geschlossenem Deckel köcheln. Gelegentlich mal umrühren.

4 Nach Ende der Garzeit kommen Sahne und Käse in die Suppe, noch mal kurz aufkochen lassen und zum Schluss eventuell mit etwas Salz und Pfeffer nachwürzen.

5 Vor dem Servieren mit der gehackten Petersilie bestreuen.

Maria (Schweden 2006)

In meiner Gastfamilie gab es Donnerstags eigentlich grundsätzlich eine Suppe. Das ist noch in vielen schwedischen Familien eine Tradition, denn früher hatten die Mägde am Donnerstag ihren freien Nachmittag. Dann gab es eben ein einfaches Gericht, das man auch gut vorbereiten konnte. Brot und Käse gehören übrigens zu jeder warmen Mahlzeit dazu.

Cheese Soup with minced Meat

And here's how it's done:

1 Heat oil in a large pot over high heat, add minced meat. Boil until brown stirring constantly. Now add onions and sauté for another 2 minutes.

2 Add broth and bring to a boil. Then stir in grated potatoes, cover and let simmer over reduced heat for about 15-20 minutes, stirring occasionally.

3 Stir in cream and shredded cheese, bring to a boil. Cook for 2 minutes.

4 Finally, season soup with salt and pepper.

5 Before serving sprinkle with chopped parsley.

Ingredients for 4 persons:

1 tblsp	oil
10 ozs.	minced meat
1	onion, medium-size, peeled and cubed
2 cups	potatoes, peeled and coarsely grated
3 cups	vegetable broth
1 cup	heavy cream
1/2 cup	shredded cheese
	salt, pepper
1 tblsp	chopped parsley

Preparation time: about 50 min.

Strammer Max S. 38

Eine Kleinigkeit zwischendurch

Toast Hawaii S. 40

Nudelsalat S. 42

Windbeutel S. 116

Gefüllte Eier S. 44

Mein Beitrag zum Kalten Buffet

Mozzarella-Tomaten S. 46

Retro-Buffet S. 48-49

Strammer Max

Zutaten pro Person:

1 Scheibe	Schwarzbrot (oder Graubrot)
1-2 Scheiben	geräucherter Schinken (Katenschinken)
	Butter
1	Ei
	Salz, Pfeffer
2	Gewürzgurken

Zubereitungszeit: ca. 10 Min.

Und so wird's gemacht:

1 Du bestreichst die Scheibe Brot mit Butter und belegst sie mit dem Schinken.

2 In einer Teflonpfanne zerlässt du 1 TL Butter und brätst darin das Ei. Das fertige Spiegelei wird dann auf das Schinkenbrot gelegt und mit Salz und Pfeffer bestreut.

3 Die Gurke schneidest du in Scheiben oder Viertel und dekorierst damit den Strammen Max. Fertig!

Statt des geräucherten Schinkens kannst du auch gekochten Schinken verwenden. Sehr lecker ist es, eine Scheibe Käse auf dem Spiegelei schmelzen zu lassen, solange es noch in der Pfanne brät.

Slaven aus Bosnien (2006)

Die Deutschen... wenn es auf Essen kommt, sind sie nicht so besonders kreativ, aber trotzdem schmeckt das Essen in Deutschland sehr. Sehr oft sind die einfachsten Sachen auch die besten oder mindestens so gut wie andere :). Mein Lieblingsgericht war Himmel und Erde (Anm.: S. 84). Was mir aber bei Deutschen nicht gefällt ist die Tatsache, dass sie nur einmal am Tag warm essen (wenigstens habe ich das Gefühl bekommen).

Strammer Max - Bread with Ham and Egg

And here's how it's done:

1 Spread butter on bread and cover with slices of ham.

2 In a small non-stick skillet, melt butter, fry the egg and put on top of ham. Season with salt and pepper.

3 Garnish with cucumber.

Ingredients per person:

1 slice	dark bread (or whole-wheat bread)
1-2	slices smoked ham
	butter
1	egg
	salt, pepper
1	pickled cucumber, sliced

Preparation time: about 10 min.

Instead of smoked ham, take any kind of cold cuts, thinly sliced.

 Nora (USA 2006)
Wenn man sich die ganzen Fastfood Restaurants anschaut glaubt man seinen Augen nicht. Meine Stadt hier in Deutschland hat ca. 30.000 Einwohner und die in Texas, San Marcos hat 40.000, also ungefähr vergleichbar. Hier haben wir 4 Fastfood Restaurants und in San Marcos sind es mehr als 20!

Toast Hawaii

Zutaten pro Person:

1 Scheibe	Toastbrot
	Butter zum Besteichen
1 Scheibe	gekochter Schinken
1 Scheibe	Ananas (frisch oder aus der Konserve)
1 Scheibe	Emmentaler oder Cheddar Käse
1	Cocktailkirsche zur Deko

Zubereitungszeit: ca. 15 Minuten

2 Jetzt kommt auf das Toastbrot zuerst der Schinken, dann die Ananas und zum Schluss der Käse. Dann schiebst du den Toast auf einem Stück Alufolie oder auf einem Backblech in den vorgeheizten Ofen (200° C, mittlere Schiene). Nach ca. 7-8 Minuten ist der Käse geschmolzen.

3 Zum Schluss kommt noch eine Cocktailkirsche in die Mitte der Ananas - und fertig ist der Toast Hawaii!

Und so wird's gemacht:

1 Zunächst wird das Brot im Toaster hellbraun geröstet und dann mit Butter bestrichen.

Tanja aus Russland (2007)

Am zweiten Tag musste ich nicht früh aufstehen. Meine Familie war aber schon um 7 Uhr weg, da sie alle zur Arbeit oder in die Schule mussten. Ungefähr um 11 Uhr vormittags wollte ich frühstücken. In der Küche fand ich noch einen Rest Lasagne, den wollte ich natürlich essen. Habe ich auch =). Dann kam meine Gastmutter nach Hause. Sie war total geschockt, dass ich Lasagne zum Frühstück gegessen hatte, denn sie hatte das zum Mittagessen geplant. Ehrlich gesagt dachte ich zuerst, dass sie mich veräppeln wollte! In Russland plant man essen einfach nie vor, und man kann zum Frühstück essen, was man will! Das war also meine erste Begegnung mit einer anderen Kultur. Jetzt müssen wir immer lachen, wenn wir uns daran erinnern. Es ist so eine Kleinigkeit, aber gleichzeitig zeigt es so viel!

Toast Hawaii

And here's how it's done:

1 Toast slice of bread until light brown, then spread with butter.

2 Put each one slice of ham, pineapple and cheese on the bread and let bake in preheated oven at 390° F for about 7-8 minutes, until cheese is melted.

3 For decoration put one cocktail cherry in center of pineapple.

Ingredients per person:

1 slice	toast bread
	butter
1 slice	ham
1 slice	pineapple (fresh or from the can)
1 slice	cheese (Cheddar cheese or similar)
1	cocktail cherry for deco

Preparation time: about 15 min.

Lennart (Italien 2005)

Ich war in Italien, dem Heimatland der Pizza - auf meine Lieblingspizza „Hawaii" musste ich allerdings elf Monate verzichten. Pizza mit Früchten geht ja nun gar nicht! Jeden echten Italiener schüttelt's allein schon beim Gedanken daran.

Nudelsalat

Zutaten für 4 Personen:

250 g	kleine Nudeln (z. B. Hörnchennudeln)
150 g	Tiefkühlerbsen
250 g	Fleisch- oder Geflügelwurst
150 g	milder Schnittkäse
2	kleine Paprikaschoten, rot und gelb
150 g	Miracle Whip
150 g	Vollmilchjoghurt
	Salz und Pfeffer
1 Prise	Zucker
6 EL	Gewürzgurken-Sud
3	Gewürzgurken

Zubereitungszeit: ca. 1 Stunde (inkl. Kühlzeit)

Und so wird's gemacht:

1 Die Nudeln werden in einem großen Topf nach Packungsanweisung in Salzwasser gekocht. Ca. 3 Minuten vor Ende der Garzeit gibst du die TK-Erbsen mit ins kochende Wasser, noch einmal kurz aufkochen lassen und dann alles in ein Sieb gießen. Unter kaltem fließendem Wasser wird die Nudel-Erbsen-Mischung kurz abgeschreckt und soll dann gut abtropfen.

2 Während die Nudeln kochen, kannst du bereits die Wurst und den Käse in kleine ca. 1 cm große Würfel schneiden. Paprikaschoten waschen, mit dem Sparschäler schälen, die Kerne und weißen Häute innen entfernen, und ebenfalls in kleine Würfel schneiden.

3 Aus Miracle Whip, Joghurt und dem Gewürzgurken-Sud stellst du jetzt die Salatsoße her. Alles gut verrühren und dann kräftig mit Salz, Pfeffer und einer Prise Zucker abschmecken.

4 Nun werden Nudeln, Erbsen, Paprika, Wurst und Käse mit der Salatsoße vermengt. Dann sollte der Salat noch mindestens 1/2 Stunde vor dem Servieren im Kühlschrank durchziehen, eventuell noch mal etwas nachwürzen. Mit den in Scheiben oder in Streifen geschnittenen Gewürzgurken dekorieren.

Eine liebliche Variante erhältst du, wenn du anstelle der Paprika einige Mandarinenspalten aus der Dose sowie etwas von dem Saft mit zufügst.

Amana aus Brasilien (2004)

In Deutschland meine Lieblingsessen war Nudelnsalat! Also, Nudelnsalat habe ich jeden Tag bei meine Schule gegessen, das hat so gut geschmeckt! Vermisse ich so sehr! Ich mag auch Kartoffeln! Ich hatte es jeden Tag bei mir zuhause in Deutschland... vermisse so sehr auch!

Pasta Salad

And here's how it's done:

1 In a large pot, boil pasta in salted water as per package instructions. Add frozen peas for the last 3 minutes, strain in a sieve and rinse with cold water.

2 While pasta is boiling, cut sausage and cheese into small cubes of about 1/2".

3 Beat together Miracle Whip, yoghurt and cucumber suds. Season with salt, pepper and a dash of sugar, stir well until blended.

4 Combine pasta, peas, sausage, bell peppers and cheese with dressing, blend well. Chill for about 30 minutes before serving. Decorate with pickled cucumbers cut into slices or stripes.

Ingredients for 4 persons:

9 ozs.	pasta (small type like corkscrew macaroni)
5 ozs.	frozen peas
9 ozs.	sausage (Bologna or Vienna Sausage)
5 ozs.	cheese, mild
2	small bell peppers, red and yellow, peeled, seeds and membranes discarded, diced
5 ozs.	Miracle Whip
5 ozs.	plain yoghurt
	salt, pepper
	sugar
6 tblsp	pickled cucumber suds
3	pickled cucumbers

Preparation time: abt. 1 hour (incl. chilling time)

TIP

Try the sweet variation: instead of bell peppers use canned tangerines (small can, strained) and stir in some of the tangerine juice.

Gefüllte Eier

Zutaten für 4 Personen:

8	Eier
4 EL	Mayonnaise
1 EL	Paprikapulver, edelsüß
	Salz, Pfeffer
1 TL	Zitronensaft
4	Scheiben Frühstücksspeck
2 EL	Schnittlauch, in Röllchen geschnitten

Zubereitungszeit: ca. 30 Minuten

Und so wird's gemacht:

1 Die Eier werden in einem Topf mit kochendem Wasser 10 Minuten lang „hart" gekocht. Danach werden sie mit kaltem Wasser abgespült (das nennt man „abschrecken") und gepellt.

2 Während die Eier kochen, brätst du den Frühstücksspeck in einer Pfanne, bis er knusprig ist. Auf Küchenpapier abtropfen lassen und in kleine Stücke zerbröseln.

3 Wenn die Eier abgekühlt sind, schneidest du sie der Länge nach durch (die Eiweißhälften dürfen dabei nicht beschädigt werden) und löst die gelben Eidotter vorsichtig heraus.

4 In einer Schüssel zerdrückst du das Eigelb mit einer Gabel und rührst dann die Mayonnaise, den Zitronensaft und das Paprikapulver unter. Alles gut vermischen, so dass eine glatte Masse entsteht. Nach Geschmack mit Salz und Pfeffer würzen.

5 Dann füllst du die Masse - am besten mit einem Spritzbeutel - in die Eierhälften. Zum Schluss streust du die Speckbrösel und den Schnittlauch über die Eier.

Variationen:

› Anstelle des Paprikapulvers kannst du die gleiche Menge Curry verwenden.
› Anstelle des Paprikapulvers kannst du 1 EL scharfen Senf verwenden.
› Für Vegetarier: Anstelle des Specks kannst du Champignons anbraten und wie im Rezept weiter verarbeiten.
› Oder du kreierst einfach eine eigene Füllung.

Paul (China 2006)

Chinesisch-häusliche Esskultur ist ja in etwa bekannt: jeder bestückt seine Schale Reis aus dem Reiskocher mit kleinen Portionen von in den Mitte platzierten Tellern, auf denen recht einfache Fleisch-Gemüse-Kombinationen warten. Meist benutzt man dazu die eigenen Stäbchen, isst also aus den gemeinsamen Schalen sozusagen gemeinsam.

Stuffed Eggs

And here's how it's done:

1 Boil eggs for 10 minutes ("hard boiled") and rinse under cold water. Cool and peel eggs.

2 Meanwhile fry bacon in a nonstick skillet until crispy. Remove, cool on kitchen paper and crumble.

3 As soon as eggs are cold, cut them horizontally with a sharp knife (be careful: the egg white must not be damaged) and carefully remove egg yolks.

4 Combine egg yolks, mayonnaise, lemon juice and paprika in a small bowl. Season with salt and pepper and blend well.

5 Fill paste equally with a piping bag into egg-white-halves and sprinkle with bacon and chives.

Variations:
- instead of paprika take same quantity of curry powder
- instead of paprika take 1 tblsp. of hot mustard
- or create your own filling

Ingredients for 4 persons:

8	eggs
4 tblsp	mayonnaise
1 tblsp	paprika, sweet
	salt, pepper
1 tsp	lemon juice
4 slices	bacon
2 tblsp	fresh chives, cut

Preparation time: about 15 min.

Mozzarella-Tomaten mit Basilikum

Zutaten für 4 Personen:

6	Tomaten
2 Kugeln	Mozzarella
1 Bund	Basilikum
3 EL	Olivenöl
1 EL	Balsalmico Essig, dunkel
	Salz, Pfeffer

Zubereitungszeit: ca. 10 Min.

Und so wird's gemacht:

1 Die Tomaten werden gewaschen und die Stielansätze herausgeschnitten. Die Mozzarella-Kugeln abtropfen lassen.

2 Dann schneidest du die Tomaten in Scheiben, ebenso die Mozzarella-Kugeln. Du brauchst jeweils die gleiche Anzahl Scheiben Tomaten und Mozzarella. Diese werden jetzt abwechselnd mit Basilikumblättern auf einer Platte angerichtet.

3 Kurz vor dem Servieren Olivenöl mit Balsalmico-Essig verrühren und über die Mozzarella-Tomaten träufeln. Mit Salz und Pfeffer bestreuen und mit den restlichen Basilikumblättern garnieren.

4 Die klassische Beilage ist Ciabatta-Brot, aber auch normales Weißbrot oder Toast schmeckt dazu.

Alida (Neuseeland 2007)

Die neuseeländische Küche ist hauptsächlich durch englische Kultur geprägt, vor allem pies und „fish 'n' chips" haben es einmal um den Erdball geschafft. Aber auch andere Nationalitäten tragen immer mehr zu einer größeren Vielfalt bei: indische und chinesische Küche sind genauso „neuseeländisch" wie Pizza und Pasta. Die Küche repräsentiert auch sehr gut die Bevölkerung des Landes - deshalb ist gerade diese Vielfalt das „typisch" Neuseeländische.

Mozzarella-Tomatoes with Basil

And here's how it's done:

1 Wash tomatoes and remove stems. Drain Mozzarella balls.

2 Cut tomatoes and Mozzarella in slices (same amount of each). On a plate, alternate tomato, Mozzarella and basil leaves.

3 Mix olive oil with Balsalmico vinegar and sprinkle over Mozzarella/tomato slices. Finally add salt and pepper and decorate with remaining basil leaves.

4 The classic side dish is Ciabatta bread, but any normal white bread or toast will be tasty as well.

Ingredients for 4 persons:

6	tomatoes
2	Mozzarella balls
1 bunch	fresh basil
3 tblsp	olive oil
1 tblsp	Balsalmico vinegar, dark
	salt, pepper

Preparation time: about 15 min.

Mareike (USA 2004)

Es gibt hier wirklich eine Menge Fast-Food, richtig gekocht wird in meiner Familie selten. Den ganzen Tag lang wird „snack-food" gegessen, da versteht man schon, dass ich so einige Kilo zugenommen habe. - Daran, dass man hier Wasser mit Eiswürfeln trinkt, habe ich mich immer noch nicht gewöhnt.

Retro-Büffet

Käseigel:

Ca. 250 g Käse am Stück (z. B. Edamer)
1 Honigmelone
1 Glas Mixed Pickles (kleine Gewürzgurken, kleine Maiskolben, Paprikastreifen)
1 kl. Glas Oliven
Weintrauben, grün und blau
Plastik- o. Holzspieße

Zubereitungszeit: ca. 30 Min.

Fliegenpilze:

4 hartgekochte Eier
2 Tomaten
Mayonnaise aus der Tube

Zubereitungszeit: ca. 15 Min.

Und so wird's gemacht:

1 Die Melone schneidest du in der Mitte durch, wickelst sie in Frischhaltefolie ein und legst sie mit der Schnittfläche auf einen Teller.

2 Dann schneidest du den Käse in Würfel von ca. 2 cm.

3 Die Käsewürfel werden jetzt abwechselnd mit Mixed Pickles, Oliven und Weintrauben belegt, aufgespießt und in die Melone gestochen.

Und so wird's gemacht:

1 Die hartgekochten Eier schneidest du an einem Ende knapp ab, so dass sie aufrecht stehen können.

2 Die Tomaten werden gewaschen, abgetrocknet, mittig durchgeschnitten und das Innenleben mit einem Löffel herausgekratzt.

3 Auf jedes Ei setzt du nun eine Tomatenhälfte und spritzt die „Punkte" des Fliegenpilzes mit Mayonnaise auf.

Retro-Büffet

Pumpernickel-Türme:

4 Scheiben Pumpernickel
3 Scheiben Käse
Butter
Plastik- o. Holzspieße

Zubereitungszeit: ca. 10 Min.

Belegte Pumpernickelscheiben:

1 Packung runde Pumpernickelscheiben
Verschiedene Käsesorten,
wie z.B. Camembert oder
Schnittkäse
Mini-Tomaten
Weintrauben, grün und blau
Oliven
Plastik- oder Holzspieße

Zubereitungszeit: ca. 15 Min.

Und so wird's gemacht:

1 Drei Pumpernickelscheiben werden dünn mit Butter bestrichen, jeweils mit einer Scheibe Käse (auf die Maße der Pumpernickelscheibe zurechtgeschnitten) belegt und aufeinander gestapelt. Die vierte Scheibe Pumpernickel kommt zum Abschluss oben auf.

2 Dann schneidest du diesen Stapel mit einem scharfen Messer in gleichmäßige Quadrate von ca. 2 - 2,5 cm und fixierst jeden Turm mit einem Spieß.

Und so wird's gemacht:

1 Jede Scheibe Pumpernickel wird mit Käse in entsprechender Größe belegt.

2 Dann spießt du die Tomaten, Weintrauben oder Oliven auf und stichst sie in die Pumpernickelscheibe.

Gefüllte Paprika S. 52

Mahlzeit!

Königsberger Klopse S. 54

Wiener Schnitzel S. 56

Gulasch S. 60

Hühnerfrikassee S. 62

Zürcher Geschnetzeltes S. 64

Gefüllte Paprika

Zutaten für 4 Personen:

250 g	Reis
1 l	Fleischbrühe
150 g	Frühstücksspeck
1	Zwiebel
50 g	Butter oder Margarine
4	mittelgroße Paprikaschoten (rot, grün oder gelb)
3 EL	Tomatenmark
1 EL	Paprikapulver, edelsüß
	Salz, Pfeffer
1 EL	Zucker
1 EL	Zitronensaft
2 EL	Mehl
125 ml	saure Sahne

Zubereitungszeit: ca. 1 1/2 Std.

Und so wird's gemacht:

1 Reis in 1/2 Liter Fleischbrühe aufkochen und bei reduzierter Hitze ca. 30 Minuten ausquellen lassen. Warm halten.

2 Die Paprikaschoten werden gründlich gewaschen. Oben am Stielansatz schneidest du eine Art Deckel ab. Die Kerne und die weißen Innenhäute werden entfernt.

3 Jetzt schneidest du den Frühstücksspeck und die gepellte Zwiebel in kleine Würfel, brätst sie im heißen Fett in der Pfanne goldbraun und mischt dann beides mit ca. der Hälfte des gekochten Reis. Diese Mischung füllst du in die vorbereiteten Paprikaschoten.

4 In einem kleinen Topf kochst du aus der restlichen Fleischbrühe (1/2 l), dem Tomatenmark, Paprikapulver, Salz, Pfeffer, Zucker und Zitronensaft eine kräftige Bouillon.

5 Die vier gefüllten Paprikaschoten werden mit "Deckel" in einen großen Schmortopf gesetzt und die heiße Bouillon dazu gegossen. Deckel auf den Topf, einmal aufkochen lassen. Bei mittlerer Hitze lässt du die Paprikaschoten nun etwa 30 Minuten lang schmoren.

6 In der Zwischenzeit rührst du das Mehl unter die saure Sahne (kräftig durchrühren, damit sich keine Klumpen bilden). Wenn die Paprikaschoten gar sind, nimmst du sie aus der Bouillon und rührst die angedickte saure Sahne in die Flüssigkeit. Alles noch einmal aufkochen lassen, so dass eine cremige Soße entsteht.

7 Die gefüllten Paprikaschoten werden mit dem restlichen warmgestellten Reis und der Soße angerichtet.

Eine vegetarische Variante dieses Rezepts: Anstelle des Specks schmorst du die Zwiebeln mit ein paar Pilzen, mischt alles mit dem gekochten Reis und einigen Löffeln Creme Fraiche sowie nach Geschmack mit frischen Kräutern - lecker!

Stuffed Bell Peppers

And here's how it's done:

1 Cook rice according to package instructions in 2 1/2 cups beef cooking stock. When ready, keep warm.

2 Wash bell peppers and cut off upper parts like lids. Discard seeds and membranes.

3 In a non-stick skillet, heat butter or margarine over high heat, add bacon and onion cubes, stir until golden. In a bowl, stir together half of the boiled rice with fried bacon/ onion, fill into bell peppers, cover with "lids".

4 In a small pot, bring remaining stock to a boil, add tomato paste, pepper, sugar and lemon juice, stirring constantly.

5 Place stuffed bell peppers into a large pot or skillet, add cooking stock, cover, bring to a boil, and let simmer over medium heat for about 30 minutes. Remove with a skimmer and keep warm.

6 Mix flour with sour cream stirring until smooth and add to cooking stock. Bring to a boil again and stir until well blended.

7 Serve stuffed bell peppers with remaining rice and sauce.

Ingredients for 4 persons:

1 1/2 cups	rice
4 cups	natural beef cooking stock
5 ozs.	bacon, diced
1	onion, peeled and diced
2 tblsp	butter or margarine
4	big bell peppers (red, green or yellow)
3 tblsp	tomato paste
1 tblsp	sweet paprika
	salt, pepper
1 tblsp	sugar
1 tblsp	lemon juice
2 tblsp	all-purpose flour
8 tblsp	sour cream

Preparation time: about 1 1/2 hours

A delicious version for vegetarians: instead of bacon fry onions with some mushrooms, mix with boiled rice and add some spoons sour creme or creme fraiche and fresh herbs to taste.

Königsberger Klopse

Zutaten für 4 Personen:

4	Scheiben Weißbrot
2	Zwiebeln
2	Eier
450 g	Rinderhack
	Salz, Pfeffer
1 EL	Senf
1,5 l	Gemüsebrühe
2	Lorbeerblätter
3	Nelken
150 g	Sahnejoghurt
3 EL	Mehl
2 EL	Kapern
2 EL	Zucker
2 EL	Zitronensaft
	Petersilie

Zubereitungszeit: ca. 45 Min.

Und so wird's gemacht:

1 In einem mittelgroßen Kochtopf wird die Gemüsebrühe mit den Lorbeerblättern, den Nelken und einer geschälten, geviertelten Zwiebel aufgekocht.

2 In der Zwischenzeit werden die Brotscheiben in einer tiefen Schale zum Einweichen mit Wasser bedeckt. Danach schälst du die andere Zwiebel und hackst sie in kleine Würfel.

3 Nun wird das eingeweichte Brot ausgedrückt, in Stücke gerissen und zusammen mit der klein gehackten Zwiebel, den Eiern und dem Rinderhack mit dem Handmixer mit Knethaken zu einem glatten Teig geknetet. Die Masse wird nach Geschmack mit Salz, Pfeffer und Senf abgeschmeckt und daraus 12 Klopse geformt. Dazu Hände anfeuchten - und Ringe vorher abnehmen!

4 Die Klopse legst du nun vorsichtig in die Brühe. Wichtig: die Hitze muss heruntergeschaltet werden, denn sonst fallen die Klopse auseinander. In ca. 20 Minuten sind sie dann gar. Mit einer großen Kelle oder einem Löffel nimmst du die Klopse jetzt aus dem Topf und deckst sie mit Alufolie ab, damit sie nicht kalt werden.

5 Von der Kochflüssigkeit misst du ca. 1/2 Liter ab und gießt ihn durch ein Sieb in einen anderen Topf. Einmal kräftig aufkochen.

6 In der Zwischenzeit verrührst du den Sahnejoghurt mit dem Mehl und rührst diese Mischung in die kochende Brühe. Dadurch wird die Brühe zu einer dickflüssigen Soße, die nun noch mit dem Zitronensaft und den Kapern sowie mit Salz, Pfeffer und Zucker abgeschmeckt werden muss.

7 Dazu passen Salzkartoffeln (siehe Seite 9) mit Petersilie garniert und eingelegte rote Beete.

Königsberger Klopse - Meat Balls in Caper Sauce

And here's how it's done:

1 In a deep bowl, soak bread slices in water. Squeeze excess water from the bread and shred.

2 In a mixing bowl, combine bread, onions, eggs and beef, season with salt, pepper and mustard, stir with a hand-held mixer until smooth.

3 Wet your hands and form 12 equal meat balls.

4 In a medium pot, heat vegetable broth with laurel leaves and cloves, bring to a boil. Add meatballs, reduce heat and let simmer for about 20 minutes.

5 Remove meatballs with a skimmer, cover with aluminum foil and keep warm.

6 Take 2 cups of broth, strain through a fine sieve into another pot. Bring to a boil again. Stir in flour mixed with yoghurt and season with lemon juice, capers, sugar, salt and pepper.

7 Serve with boiled potatoes and pickled red beeds, garnish with chopped parsley.

Ingredients for 4 persons:

4	slices white bread
2	onions, peeled and cubed
2	eggs
1 lb	minced beef
	salt, pepper
1 tblsp	mustard
6 cups	vegetable broth
2	laurel leaves
3	cloves
1 cup	cream yoghurt (abt. 5 ozs.)
3 tblsp	flour
2 tblsp	capers
2 tblsp	sugar
2 tblsp	lemon juice
	parsley

Preparation time: about 45 min.

Wiener Schnitzel - Das Original -

Zutaten für 4 Personen:

4	dünne Kalbsschnitzel
2	Eier
2 EL	Milch
8 EL	Semmelbrösel
8 EL	Mehl
80 g	Butter

Zubereitungszeit: ca. 20 Min.

Und so wird's gemacht:

1 Bei einem Wiener Schnitzel muss das Fleisch immer ganz dünn sein. Da man das so nicht im Laden bekommt, nimmst du einen großen Bogen Frischhaltefolie, legst das Schnitzel darunter und machst es „platt", d.h. du nimmst einen großen, breiten Gegenstand und klopfst damit das Fleisch, bis es nur noch 1/2 cm bis maximal 1 cm dick ist.

2 Um das Schnitzel zu panieren, nimmst du dir nun 3 Teller: auf den ersten kommt Mehl, auf den zweiten die mit der Milch verquirlten Eier und auf den dritten kommen die Semmelbrösel.

3 Das Fleisch wird gesalzen und gepfeffert,

- dann wird es in Mehl gewendet (das überschüssige Mehl abklopfen)...

- dann durch die Eiermischung gezogen...

- und zum Schluss vorsichtig in den Semmelbröseln gewendet.

Man kann nach „Wiener Art" auch Putenschnitzel oder Schweineschnitzel zubereiten. Wichtig ist immer, dass das Fleisch ganz dünn sein muss - siehe links.

4 In einer großen Pfanne wird die Butter erhitzt und die Schnitzel von jeder Seite ca. 2 bis 3 Minuten goldbraun gebraten. Dabei die Schnitzel immer wieder mit dem heißen Bratfett beträufeln, damit die Kruste schön kross wird.

5 Dazu passt lauwarmer Kartoffelsalat - siehe Rezept auf Seite 86.

Vienna Schnitzel - the Original -

Ingredients for 4 persons:

4	thin pieces of calf meat
2	eggs
2 tblsp	milk
8 tblsp	all-purpose flour
8 tblsp	fine bread crumb
3 ozs.	butter

Preparation time: about 20 min.

And here's how it's done:

1 To flatten the meat, cover it with plastic wrap and hit it with a big, heavy kitchen tool until it is about 1/4" thin.

2 Prepare 3 plates as follows: first plate with flour, second one with eggs whisked with milk, third one with bread crumbs. Season the meat with salt and pepper on both sides.

3 Coat meat first with flour, then turn to coat well in the egg mix and finally coat both sides with bread crumbs.

4 Over high heat, melt butter in a large non-stick skillet and fry each Schnitzel for about 2-3 minutes on each sides until light brown, constantly sprinkling with hot butter from the skillet.

5 The perfect match for Vienna Schnitzel is luke warm potato salad - see recipe on page 87.

Other kinds of meat can be prepared as well in „Vienna Style": take for example pork or turkey and increase cooking time by 2 - 3 minutes.

Severin (Norwegen 2005)

Mein Gastvater verstand unsere zivilisierte Hysterie nicht angesichts der tierverachtenden Mastviehhaltung in der EU. Zitat: „Wenn der Wal erlegt wird, hat er ein Leben hinter sich, während ein Schwein von Geburt an nur Käfige kennt." Mein Argument, dass die Schweine im Gegensatz zu den Walen einem guten Zweck, unserer Ernährung dienen, entkräftete er mit der Behauptung, Wal sei auch ein wohlschmeckendes Tier.
Einige Monate später wurde es ernst: Ich sollte Wal probieren um anzuerkennen, dass er essbar und wohlschmeckend ist. Zubereitet wie Leber mit viel Zwiebel kam der Wal dann auf den Tisch. Ich probierte und stellte fest, dass die Wahrheit wie so oft in der Mitte liegt. Es schmeckte nicht schlecht, aber es erschloss sich mir nicht, warum man nicht einfach Leber essen kann. Naja, jedenfalls bekam die in mir verankerte mitteleuropäische Wal-Schutz-Hysterie einen kleinen Dämpfer von den pragmatischen Norwegern. Alles halb so wild (solange es noch Wale gibt).

Yearbook '68

Erinnerungen an 1967/68

Schulsport im schicken Outfit

Mein Zwischenzeugnis Dezember 1967

Gulasch

Zutaten für 4 Personen:

2 EL	Butterschmalz
700 g	Rindergulasch bzw. Rindfleisch, gewürfelt
1	Gemüsezwiebel
	Salz
1/2 TL	Cayennepfeffer
2 EL	Mehl
3 EL	Paprikapulver, edelsüß
1 EL	abgeriebene Zitronenschale
2 EL	Tomatenmark
400 ml	Rinderbrühe
je 1	rote, gelbe, grüne Paprikaschote
2 EL	Öl
2 EL	gehackte Petersilie

Zubereitungszeit: ca. 2 1/2 Std.

Und so wird's gemacht:

1 Du benötigst einen großen Bratentopf, in dem das Fleisch zunächst im heißen Butterschmalz rundherum kräftig angebraten wird (eventuell musst du das in zwei Portionen machen).

2 Dann kommt die gepellte und in Würfel geschnittene Gemüsezwiebel dazu, die kurz mit angedünstet wird.

3 Anschließend streust du 1 EL Salz, den Cayennepfeffer, Mehl, Paprikapulver und die abgeriebene Zitronenschale über das Fleisch und gibst das Tomatenmark hinzu. Kräftig durchrühren und nun vorsichtig die Rinderbrühe dazu gießen (Vorsicht: heißer Dampf!). Deckel drauf und bei reduzierter Hitze ca. 2 Stunden köcheln lassen. Gelegentlich mal umrühren.

4 Eine halbe Stunde vor Ende der Garzeit wäschst du die Paprikaschoten und schälst sie mit einem Sparschäler (Anm.: ohne Schale sind Paprikaschoten wesentlich bekömmlicher als mit Schale). Dann viertelst du die Schoten, löst die weißen Innenhäute sowie die Kerne heraus und schneidest alles in Streifen.

5 In einer beschichteten Pfanne wird das Öl erhitzt und die Paprikastreifen angebraten, bis sie leicht gebräunt sind. Zum Fleisch geben, umrühren und noch ca. 15 Minuten weitergaren.

6 Alles eventuell noch mal mit Salz und Paprikapulver nachwürzen, ganz nach Geschmack. Dann ist das Gulasch fertig.

7 Vor dem Servieren mit der gehackten Petersilie bestreuen. Dazu schmecken Salzkartoffeln (siehe S. 9) oder Nudeln.

Nora (Honduras 2001)

Eine Umstellung bestand für mich darin, dass ich als Vegetarierin nach Honduras kam. Zunächst stellte dies kein Problem dar, aber nach etwa zwei Monaten wurde mir Reis mit Tortillas oder wahlweise Tortillas mit Reis ein bisschen zu eintönig. Ich begann also, wieder Fleisch zu essen.

Goulash

And here's how it's done:

1 Heat butter lard in pot over high heat, add beef cubes and fry until brown (depending on the size of your pot, you might need to do this in two portions).

2 Add onion and cook until tender.

3 Sprinkle with 1 tblsp. salt, Cayenne pepper, flour, paprika, tomato paste as well as grated lemon peel. Add tomato paste, stirring constantly. Gradually add beef stock (watch out for hot steam!). Cover and simmer over low-heat for about 2 hours, stirring occasionally.

4 In a non-stick skillet, heat oil and fry bell pepper cubes until light brown. Add to beef and let simmer altogether for another 15 minutes.

5 Add more salt and paprika to taste.

6 Before serving sprinkle with chopped parsley. Serve with boiled potatoes or noodles.

Ingredients for 4 persons:

2 tblsp	butter lard (or each 1 tblsp butter and oil)
1 1/2 lb	beef, cubed
1	big onion, peeled and sliced
	salt
1/2 tsp	Cayenne pepper (Cayenne)
2 tblsp	flour
3 tblsp	sweet paprika
1 tblsp	grated lemon peel
2 tblsp	tomato paste
1 2/3 cups	natural beef cooking stock
1 each	red, yellow, green bell pepper, peeled and cubed
2 tblsp	oil
2 tblsp	chopped parsley

Preparation time: abt. 2 1/2 hours

Hühnerfrikassee

Zutaten für 4 Personen:

4 EL	Mehl
2 EL	weiche Butter
2 EL	Öl
100 g	kleine Champignons
500 ml	Geflügelbrühe
150 ml	Schlagsahne
2	Lorbeerblätter
	Salz, Pfeffer
350 g	Hühnerfleisch (gekocht und in Würfel geschnitten)
275 g	Spargelabschnitte (Glas oder Dose)
2 TL	Zitronensaft
	Zucker

Zubereitungszeit: ca. 45 Min.

Und so wird's gemacht:

1 Als erstes muss die sogenannte „Mehlbutter" hergestellt werden, die später zum Andicken der Geflügelbrühe dient: die weiche Butter wird mit dem Mehl zu einem Kloß verknetet und kalt gestellt (am besten in das Tiefkühlfach).

2 In einem Topf wird das Öl erhitzt und die geputzten kleinen Champignons (wenn die Pilze größer sein sollten, kannst du sie vierteln) kurz angeschmort. Dann mit Geflügelbrühe (Vorsicht: heißer Dampf!) und Sahne aufgießen, die Lorbeerblätter hinzufügen, mit Salz und Pfeffer würzen und ca. 10 Minuten lang bei reduzierter Hitze köcheln lassen.

3 Die Lorbeerblätter entfernen. Mit einem Schneebesen wird dann die Mehlbutter in die heiße Brühe eingerührt, einmal aufkochen lassen.

4 Anschließend das Hühnerfleisch und die Spargelabschnitte zugeben und ca. 10 Minuten bei reduzierter Hitze erwärmen.

5 Vor dem Servieren mit dem Zitronensaft abschmecken und eventuell noch mal mit Salz, Pfeffer und vielleicht etwas Zucker nachwürzen.

6 Als Beilage schmeckt Reis sehr gut (Naturreis oder Basmati-Reis).

Bruno aus Paraguay (2007)

Ich bin kein Koch aber eine Sache kann ich gut: Reis. Meine Mutter hat mir immer gesagt: Bruno, du musst kochen lernen, bevor du in Deutschland angekommst. Ich weiß, dass man nicht leben kann, wenn man nur Reis isst, und deswegen versuche ich jetzt noch mehr Rezepte zu lernen, dieses Mal mit meiner deutschen Familie, damit ich sie zu Hause verwenden kann.

Chicken - Fricassee

And here's how it's done:

1 Knead butter with flour until smooth and chill in the freezer.

2 In a medium-size pot, heat oil, stir in mushrooms and cook until golden. Add chicken stock, heavy cream, laurel leaves, salt and pepper and cook over reduced heat for about 10 minutes.

3 Remove laurel leaves. Beat in kneaded butter, bring to a boil again.

4 Add chicken meat and asparagus and let simmer over reduced heat for another 10 minutes.

5 Before serving stir in lemon juice and season with salt, pepper and a dash of sugar.

6 Serve with rice (natural rice or Basmati rice).

Ingredients for 4 persons:

4 tblsp	flour
2 tblsp	butter
2 tblsp	oil
4 ozs.	small mushrooms
2 cups	natural chicken cooking stock
2/3 cup	heavy cream
2	laurel leaves
	salt, pepper
12 ozs.	boiled chicken meat, cut into cubes
10 ozs.	canned asparagus pieces
2 tsp	lemon juice
	sugar

Preparation time: about 45 min.

Zürcher Geschnetzeltes

Zutaten für 4 Personen:

2	Zwiebeln
650 g	Schweinefilet
6 EL	Öl
	Salz, Pfeffer
1 TL	Paprikapulver, edelsüß
100 ml	Gemüsebrühe
400 ml	Sahne
1 TL	abgeriebene Zitronenschale
2 EL	gehackte Petersilie

Zubereitungszeit: ca. 30 Min.

Und so wird's gemacht:

1 Zuerst werden die Zwiebeln gepellt und fein gewürfelt. Dann wird das Fleisch "geschnetzelt", d.h. in ca. 1/2 cm dicke Streifen geschnitten.

2 In einer großen, beschichteten Pfanne erhitzt du das Öl bei starker Hitze und brätst das Fleisch unter ständigem Umrühren von allen Seiten hellbraun an. Dann kommen die Zwiebelwürfel dazu und werden mitgebraten, bis sie glasig sind. Mit Salz, Pfeffer und Paprikapulver würzen.

3 Nun wird die Gemüsebrühe dazugegeben und bei großer Hitze ca. 2-3 Minuten eingekocht. Man nennt das „reduzieren", d.h. die Flüssigkeit wird durch das Verdampfen reduziert, wodurch sich das Aroma intensiviert. Dann die Sahne zugeben und noch einmal aufkochen. So erhältst du zum Schluss eine cremige Soßenkonsistenz.

4 Mit Salz, Pfeffer und der Zitronenschale abschmecken und zum Servieren mit der gehackten Petersilie bestreuen.

5 Die Originalbeilage für dieses Gericht sind natürlich Rösti (siehe Rezept auf Seite 98), aber auch Bandnudeln oder Kartoffeln schmecken gut zu diesem leckeren Essen.

Übrigens kann man auch Putenfleisch (Putenbrustfilet) nach dem obigen Rezept zu Geschnetzeltem verarbeiten, wobei man die Gemüsebrühe durch Geflügelbrühe ersetzen sollte.

Sebastian (USA 2006)

Normalerweise denkt man, wenn man an Essen und Ernährung in den USA denkt, an „fast food" und eine ungesunde Ernährung. Das Vorurteil von schlechter Ernährung ist immer gleich gegenwärtig. Es trifft aber überhaupt nicht zu! Meine Gastmutter war sehr auf eine gesunde Ernährung bedacht und hat immer sehr gut gekocht. Das ganze Jahr über hat mir jedes ihrer Gerichte geschmeckt und ich freue mich schon jetzt sie wieder zu besuchen und auch wieder mit ihnen zusammen zu essen.

Chopped Pork in Swiss (Zürich) Style

And here's how it's done:

1 Peel and finely slice onions. Cut pork into thin slices of about 1/4".

2 In a large non-stick skillet, heat oil over medium-high heat, fry meat, stirring constantly until light brown. Add onions, cook and stir until golden. Season with salt, pepper and paprika.

3 Stir in vegetable broth and cook over high heat for about 2-3 minutes, stirring constantly until water has evaporated.

4 Add cream, bring to a boil again. Season to taste with salt, pepper and lemon peel. Sprinkle with parsley before serving.

5 The traditional and original side dish is of course Rösti (Swiss Hash brown potatoes - see recipe page 99), but any kind of pasta or potatoes will make a perfect match as well.

Ingredients for 4 persons:

2	onions
23-25 ozs.	pork
6 tblsp	oil
	salt, pepper
1 tblsp	sweet paprika powder
1/2 cup	vegetable broth
1 2/3 cups	heavy cream
1 tsp	grated lemon peel
2 tblsp	chopped parsley

Preparation time: abt. 30 min.

Instead of pork you can also take turkey breast meat. In this case, replace vegetable broth by chicken broth.

Makkaroniauflauf S. 68

Echte Sattmacher

Käsespätzle S. 70

Zwiebelkuchen S. 72

Kohlrouladen S. 74

Kohl & Co.

Rotkohl S. 78
(Kartoffelklöße S. 100)

Sauerkraut S. 80
(Kartoffelbrei S. 84)

Makkaroniauflauf

Zutaten für 4 Personen:

400 g	Makkaroni
200 g	gekochter Schinken in Scheiben
200 ml	Sahne
4	Eier
	Salz, Pfeffer
	Butter zum Auspinseln der Form
1 Packg.	Tomatenstücke (500 g)
275 g	geraspelter Käse

Zubereitungszeit: ca. 1 1/4 Std. (inkl. Backzeit)

Und so wird's gemacht:

1 Die Nudeln werden nach Packungsanweisung im kochenden Salzwasser gekocht. Anschließend in einem Sieb abtropfen lassen.

2 In der Zwischenzeit schneidest du den Schinken in kleine Quadrate oder dünne Streifen.

3 Die Sahne wird mit den Eiern zu einer dickflüssigen Masse verquirlt und mit Salz und Pfeffer kräftig gewürzt.

4 Nun nimmst du eine entsprechend große Auflaufform und pinselst sie gut mit weicher Butter aus. Die obigen Zutaten werden nun abwechselnd in die Form geschichtet: zuerst eine Lage Makkaroni, dann eine Lage Schinken, eine Lage Tomatenstücke, darüber Käse streuen und so weiter, bis alles aufgebraucht ist. Als oberste Lage Makkaroni.

5 Dann wird die Eiermischung drüber gegossen. Zum Schluss streust du noch mal etwas Käse über den Auflauf.

6 Im vorgeheizten Backofen (200° C, 2. Schiene von unten) wird der Auflauf jetzt ca. 40 bis 45 Minuten gebacken (die oberste Schicht Makkaroni sollte leicht angebräunt sein).

7 Der Auflauf schmeckt gut „ohne alles", man kann dazu aber auch noch einen guten Tomatenketchup reichen.

Den italienischen Touch erhältst du, wenn du die einzelnen Schichten noch jeweils mit etwas Thymian bestreust.

Julia (Venezuela 2008)
Der Käse ist nicht der gleiche wie in Deutschland. „Unsere" Käsesorten werden meistens unter dem Begriff „queso amarillo" („gelber Käse") zusammengefasst und ist hier in den Supermärkten meistens so eine Art Gouda... Der venezolanische Käse ist „queso blanco" („weißer Käse") und ist mit nichts zu vergleichen, was es in Deutschland so zu kaufen gibt.

Macaroni - Casserole

And here's how it's done:

1 In a large pot, boil noodles in salt water as per package directions, drain in a colander.

2 Meanwhile beat together cream with eggs until well blended and season with salt and pepper.

3 Coat an adequate size baking dish with cooking spray or butter. Alternate noodles, ham, tomato chunks, sprinkle each layer with shredded cheese. The top layer should be noodles.

4 Pour cream/egg mixture over noodles, sprinkle remaining cheese on top and bake at 375° F in preheated oven for about 40-45 minutes or until golden.

5 This dish tastes great just like it is, however, you can serve it with a good tomato ketchup as well.

Ingredients for 4 persons:

14 ozs.	noodles (macaroni)
7 ozs.	boiled ham, cubed or sliced
3/4 cup	heavy cream
4	eggs
	salt, pepper
	butter or cooking spray for the baking dish
18 ozs.	tomato chunks
2 1/2 cups	shredded cheese

Preparation time: about 1 1/4 hours (incl. baking time)

To get the „Italian" touch, sprinkle some thyme on each layer.

Käsespätzle

Zutaten für 4-6 Personen:

400 g	Weizenmehl
4	Eier
1 TL	Salz
	Pfeffer
2 EL	gehackte Petersilie
100-150 ml	Wasser
200 g	geraspelter Käse
50 g	Butter oder Öl
4	Zwiebeln

Zubereitungszeit: ca. 1 1/4 Std.

Und so wird's gemacht:

1 Du benötigst eine große Schüssel, in die das Mehl gesiebt wird. In die Mitte des Mehls wird nun ein Loch gedrückt, in das die Eier, Salz, Pfeffer, Petersilie und etwas Wasser kommen. Mit einem Mixer von der Mitte aus einen Teig rühren, dabei nach und nach das übrige Wasser hinzugießen. Achte darauf, dass keine Klumpen entstehen. Der Teig wird so lange gerührt, bis er Blasen wirft.

2 Nun zum handwerklichen Teil des Rezeptes: Du musst jetzt den Teig portionensweise dünn auf ein Küchenbrett streichen. Dann stellst das Brett an den Rand eines großen, mit siedend heißem Salzwasser gefüllten Topfes. Mit einem Messer oder Schaber stichst du nun schmale Streifen (= Spätzle) ab und lässt sie ins Wasser gleiten. Das Messer wird zwischendurch immer wieder ins Wasser getaucht. Wenn du eine Spätzlepresse oder einen Spätzlehobel hast, geht dieser Teil des Rezeptes natürlich leichter von der Hand.

3 Die Spätzle sind gar, wenn sie an der Oberfläche schwimmen. Mit einer großen Schaumkelle werden sie aus dem Wasser gefischt und abwechselnd mit dem geraspelten Käse in eine ofenfeste Form gefüllt. Zum Schluss mit dem restlichen Käse bestreuen. Im vorgeheizten Backofen bei 140° C warm halten, bis die obere Käseschicht geschmolzen ist.

4 In der Zwischenzeit werden die Zwiebeln gepellt und in feine Streifen geschnitten. In einer Pfanne wird das Fett erhitzt und die Zwiebelstreifen darin hellbraun gebraten. Mit Salz und Pfeffer nach Geschmack würzen und vor dem Servieren über die Spätzle geben

5 Dazu passt jede Art von Blattsalaten.

Austauschstudent Federico aus Costa Rica versucht sich am „Spätzlehobel"

Cheese „Spätzle"

And here's how it's done:

1 In a large mixing bowl, sieve flour, make a well in centre of flour, add eggs, salt, pepper, parsley and some water. With an electric mixer or wooden spoon start beating from the center, gradually adding remaining water thus preventing lumps in the dough. Beat until dough is very smooth.

2 Spread dough portion-wise in thin layers on a wooden cutting board, put board on the rim of a large pot with sizzling hot (not boiling) water, lightly salted. With a sharp knife, cut off small slices of dough (these are the „Spätzle"). Should you be in the possession of a special „Spätzle press" it would make the job somewhat easier.

3 The Spätzle are done when they float on the water surface. Remove with skimmer, alternate in a casserole dish layers of Spätzle and cheese. Sprinkle with remaining cheese. Keep in preheated oven at 280° F until cheese is melted.

4 Meanwhile peel and finely slice onions. In a skillet over medium heat, melt butter and fry onions until light brown. Season with salt and pepper to taste. Remove casserole with Spätzle from oven and sprinkle onions on top.

5 Serve with any kind of lettuce.

Ingredients for 4-6 persons:

3 1/4 cups	all-purpose flour
4	eggs
1 tsp	salt
	pepper
2 tblsp	chopped parsley
1/2 - 2/3 cup	water
2 cups	shredded cheese
3 tblsp	butter or oil
4	onions

Preparation time: abt. 1 1/4 hours

Zwiebelkuchen

Zutaten für 1 Backblech:

Für den Hefeteig:
450 g	Mehl
1 TL	Salz
1 Tüte	Hefe (Instant)
125 ml	Milch
2	Eier
100 g	Butter

Für den Belag:
1,8 kg	Gemüsezwiebeln
100 g	Frühstücks-Speck (Bacon)
5 EL	Öl
3	Eier
250 ml	saure Sahne
60 g	Mehl
	Salz, Pfeffer
1 EL	Kümmel

Butter für das Backblech

Zubereitungszeit: ca. 1 3/4 Stunde (inkl. Ruhezeit)

Und so wird's gemacht:

1 Aus den Hefeteig-Zutaten stellst du einen Hefeteig her wie in der „Kochschule" auf Seite 19 beschrieben.

2 Für den Belag geht's erst mal tränenreich los, denn die Gemüsezwiebeln müssen gepellt und in Ringe geschnitten werden. Einfacher ist es mit dem Frühstücksspeck, der ebenfalls in Würfel oder Streifen geschnitten wird.

3 In einer großen beschichteten Pfanne wird nun das Öl erhitzt und die Speck- und Zwiebelstreifen darin angedünstet, bis sie hellgelb sind. Sie dürfen nicht braun werden, also ständig umrühren. Pfanne von der Kochstelle nehmen und die Zwiebel-Speck-Mischung etwas abkühlen lassen.

4 Zwischenzeitlich schlägst du die Eier in eine Schüssel und rührst die saure Sahne und das Mehl kräftig unter. Dann gibst du diese Eier-Sahne-Mischung zu der Zwiebel-Speck-Mischung, nochmals ordentlich durchrühren und mit Pfeffer, Salz und Kümmel herzhaft würzen.

5 Zurück zum Hefeteig: Dieser hatte genügend Zeit, um während der Zubereitung des Belags aufzugehen. Jetzt wird er auf einem eingefetteten Backblech ausgerollt und mit der Zwiebelmasse bestrichen. Ab in den vorgeheizten Ofen (220° C, mittlere Schiene). Nach ca. 50 - 60 Minuten, bzw. wenn der Belag eine schöne goldgelbe Farbe angenommen hat und einem das Wasser im Mund zusammenläuft, ist der Zwiebelkuchen fertig und sollte warm serviert werden.

Leonie (USA 2008)

Die Spezialität der Texaner ist natürlich Steak in allen Variationen. Das war wirklich mein erster Eindruck den ich bekommen habe…Fleisch!!! und das möglichst morgens, mittags und abends!!!

Onion Cake

And here's how it's done:

1 To prepare the yeast dough, mix flour and salt in a large bowl. Make a well in center of mixture and sprinkle yeast inside. Add luke warm milk, eggs and butter. With a hand-held mixer (kneading top), start stirring from the middle until smooth. Cover bowl with a cheese-cloth and let dough rise in preheated oven at 125° F.

2 While dough is rising prepare the topping.

3 Heat oil in a large non-stick skillet, add bacon and onions, stir and cook until golden. Remove pan from burner and set aside.

4 Whisk eggs, sour cream and flour until smooth, add to bacon-onions-mix, stir and season with salt, pepper and caraway seed.

5 Spread yeast dough on a greased baking sheet, add onion mix, spreading evenly. Bake in preheated oven at 425° F, middle rack, for 50-60 minutes or until topping is golden.

Ingredients for 1 baking sheet :

For the yeast dough:
1 lb	all-purpose flour
1 tsp	salt
1 tblsp	active dry yeast
5 tblsp	milk
2	eggs
5 tblsp	butter

For the topping:
4 lb	big onions, peeled and sliced
5 tblsp	oil
3 1/2 ozs.	bacon, sliced
1 1/4 cup	sour cream
3	eggs
1/2 cup	all-purpose flour
	salt, pepper
1 tblsp	caraway seed

butter for the baking sheet

Preparation time: abt. 1 3/4 hours (incl. rising time)

Kohlrouladen (Krautwickel)

Zutaten für 4 Personen:

1	mittelgroßer Weißkohl
450 g	gemischtes Hack (Rind & Schwein)
1	Zwiebel
2 EL	gehackte Petersilie
2	Eier
1 EL	Senf
	Salz, Pfeffer
5 EL	Butter o. Margarine
1	Gemüsezwiebel
250 ml	Fleischbrühe
1 EL	Kümmelkörner
2 EL	Mehl
1 Becher	Creme Fraiche
	Küchengarn

Zubereitungszeit: ca. 1 3/4 Std.

Und so wird's gemacht:

1 In einem großen Topf (der ganze Kohlkopf muss hineinpassen) setzt du Wasser auf und bringst es zum Kochen. Von dem Kohlkopf entfernst du die äußeren Blätter und schneidest den Strunk keilförmig heraus. Dann legst du den Kohlkopf in das kochende Wasser.

2 Nach und nach lösen sich die äußeren Kohlblätter. Nimm vier Stück heraus und leg sie zum Abtropfen auf Küchenpapier. Schneide eventuell harte Strunkreste vorsichtig ab. Auch den Kohlkopf aus dem Wasser nehmen und zur Seite legen.

3 In der Zwischenzeit vermengst du das Hackfleisch mit der gepellten und gewürfelten Zwiebel, Petersilie und den Eiern und würzt die Mischung kräftig mit Salz, Pfeffer und Senf.

4 Die Kohlblätter werden nun gefüllt: Dafür legst du die Blätter glatt auf eine Unterlage, nimmst pro Roulade 1/4 der Hackmischung, schlägst die Blätter seitlich ein und rollst die Roulade von der Längsseite her auf. Mit Küchengarn verschnürst du die Rouladen zu Päckchen.

5 In einer beschichteten Pfanne erhitzt du die Butter und brätst bei großer Hitze die Rouladen von jeder Seite an, bis sie eine mittelbraune Farbe haben. Aus der Pfanne nehmen und zur Seite stellen.

6 Nun schneidest du den Kohlkopf in mundgerechte Stücke. Die Gemüsezwiebel wird gepellt und in Würfel geschnitten. In einem großen Schmortopf erhitzt du das Fett, fügst den Kohl und die Zwiebel hinzu und schmorst das Ganze bei großer Hitze und unter gelegentlichem Umrühren ca. 5 Min. lang.

7 Dann kommen die Fleischbrühe und die Kümmelkörner dazu. Aufkochen lassen, die Kohlrouladenpäckchen draufsetzen und den Deckel auf den Topf! Bei mittlerer Hitze lässt du die Rouladen nun ca. 60 Minuten köcheln.

8 Nach Ablauf der Kochzeit nimmst du die Rouladen aus dem Topf und deckst sie zum Warmhalten mit Alu-Folie ab. Das Mehl wird klumpenfrei mit der Creme Fraiche vermengt und unter das Kohlgemüse gerührt. Noch einmal aufkochen lassen. Eventuell mit Salz, Pfeffer und Kümmel nachwürzen - und bitte nicht vergessen, das Küchengarn vor dem Verzehr zu entfernen.

9 Die Kohlrouladen zusammen mit dem Kohlgemüse anrichten. Dazu passen Salzkartoffeln oder Kartoffelpüree.

Cabbage Wraps

Ingredients for 4 persons:

1	medium cabbage
1 lb	mixed minced meat (1/2 pork - 1/2 beef)
1	medium onion, peeled and finely chopped
2 tblsp	chopped parsley
2	eggs
1 tblsp	mustard
	salt, pepper
5 tblsp	butter or margarine
1	big onion, peeled and sliced
2 1/4 cups	natural beef cocking stock
1 tblsp	caraway seed
2 tblsp	flour
1 cup	crème fraiche
	kitchen twine for the wraps

Preparation time: abt. 1 3/4 hours

And here's how it's done:

1 Remove stem and outside leaves from cabbage. In a large pot, bring water to a boil, add cabbage.

2 Remove loose leaves (4 pieces) from cabbage, dry on kitchen paper. Then remove cabbage from pot and set aside.

3 To prepare the filling, combine minced meat, parsely, finely chopped onion and eggs, blend well with a hand-held mixer, season with salt, pepper and mustard.

4 Place cabbage leaves on the working top, carefully cut off coarse parts of the stem, spoon 1/4 of meat mix on each cabbage leave, fold in the sides and then form a roll, tie together with kitchen twine.

5 In a large non-stick skillet, heat butter and fry cabbage wraps on each side until medium brown. Remove from skillet and set aside.

6 Cut cabbage into equal stripes of about 1/2". In a large pot, melt butter, add onion slices, stir and fry until golden. Add cabbage, and over high heat cook for about 5 minutes, stirring constantly.

7 Add cocking stock and caraway seed and bring to a boil. Place cabbage wraps on top of cabbage, cover and simmer over reduced heat for about 60 minutes.

8 Remove cabbage wraps, cover with aluminum foil and keep warm. Beat together flour and crème fraiche, add to cabbage, bring to a boil again and season with salt, pepper and caraway seed to taste.

9 Serve cabbage wraps together with cooked cabbage and boiled or mashed potatoes.

'Everyone has been nice to us...'
Exchange Students Speak To Lions; Brotherhood Fete

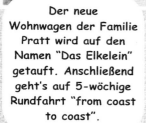

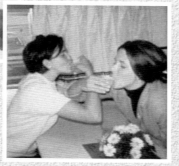

Der neue Wohnwagen der Familie Pratt wird auf den Namen "Das Elkelein" getauft. Anschließend geht's auf 5-wöchige Rundfahrt "from coast to coast".

Erinnerungen an 1967/68

Happy Valentine

Die Texte unserer etwas derben Seemannslieder verstand zum Glück niemand...

Per Schiff und mit großem Gepäck zurück: New York/Cuxhaven auf der TS HANSEATIC - so eine Seekiste ist für Papis Käfer kein Problem!

"Everyone has been so nice to us and the education priceless."

The speakers were two attractive exchange students, the Misses Peggy Pratt, of Berwyn, and Elke Gollner, of Germany as they told of their interesting experiences to members of the Bridgeport-Upper Merion Lions Club.

Guests of the service organization at the club's dinner meeting in Beck's restaurant, DeKalb Pk., both related comprehensive accounts during the exchange visits to the respective countries.

Senior Students

Miss Pratt, a senior academic student at Great Valley Area High School, Paoli, spent the 1966-1967 term as a student in Germany (remained for 13 months) and Miss Gollner is here as an exchange student at the Great Valley school with Miss Pratt at whose home she is a guest.

Both spoke highly of the respective countries as well as the people of Germany and the United States in giving excellent presentations that won them an attentive response from the Lions.

After responding intelligently to a question and answer period, the two girls displayed their talents by singing German songs in duet. Miss Pratt played guitar. The Great Valley High School student was sponsored by the Exton-Frazer Rotary Club.

The girls were presented by James Hodgson, first vice president who presided, and program co-chairman with Charles Burhans.

Rotkohl - auf westfälische Art

Zutaten für 4 Personen:

1 Glas	Rotkohl (ca. 700 g)
2 EL	Butter
1	Zwiebel
200 ml	Apfelsaft
1	Apfel
200 g	Johannisbeergelee (von roten o. schwarzen Johannisbeeren)
1 TL	Nelken, gemahlen
4	Scheiben Frühstücksspeck
2 EL	Mehl
2-3 EL	Preiselbeeren oder Cranberries (nach Geschmack)

Zubereitungszeit: ca. 1 Stunde

Und so wird's gemacht:

1 In einem großen Topf wird 1 EL Butter geschmolzen und die gepellte und klein gewürfelte Zwiebel darin glasig gedünstet.

2 Dann kommen Rotkohl, Apfelsaft, der geschälte und in Würfel geschnittene Apfel sowie das Johannisbeergelee dazu. Alles kräftig umrühren, mit etwas Salz und dem Nelkenpulver würzen und bei reduzierter Hitze ca. 45 Minuten lang köcheln lassen (bzw. Angabe über Kochdauer auf dem Glas berücksichtigen). Gelegentlich mal umrühren.

3 Zwischenzeitlich würfelst du den Frühstücksspeck und brätst ihn in einer kleinen Teflonpfanne mit der restlichen Butter bei großer Hitze knusprig. Dann stäubst du das Mehl drüber und rührst solange mit einem Holzlöffel, bis eine hellbraune Masse (Mehlschwitze) entstanden ist.

4 Diese wird zum Rotkohl in den Topf gegeben, umrühren, noch mal kurz aufkochen lassen (eventuell noch 2-3 EL Preiselbeeren oder Cranberries unterrühren) und ... fertig!

Rotkohl ist eine der klassischsten Beilagen zu Braten und Geflügel aller Art und in Kombination mit Kartoffelklößen oder Semmelknödeln „ur-deutsch".

Skip aus China (2006)

Was ich in Deutschland besonders gerne gegessen hab: Deutsche Würst (Currywurst und Bratwurst) mit Senf! Und Fischstäbchen, das einzige fleischgericht oft in meine Familie gabs. Und ich mochte auch gerne Iceberg Salat und Brot. Alles was ich in Deutschland gegessen habe ist schon ganz fremd für mich und es war echt eine tolle Erfahrung für mich, den Unterschied zwischen die Esskulturen aus Osten und Westen zu erleben!

Red Cabbage

And here's how it's done:

1 In a large pot and over high heat, combine 1 tblsp butter and onion, stir and fry until golden.

2 Add red cabbage, apple juice, apple and jelly. Bring to a boil, stirring constantly, then reduce heat, season with salt and ground cloves and let simmer for about 45 minutes (resp. according to instructions on the jar), stirring occasionally.

3 Heat 1 tblsp butter in a non-stick skillet, add bacon, fry until crispy, stirring constantly. Sprinkle with flour, stir and brown.

4 Add to red cabbage, stir, and bring to a boil again. For additional taste, stir in 2-3 tblsp. cranberries.

Ingredients for 4 persons:

1 jar	red cabbage (25-26 ozs.)
2 tblsp	butter
1	onion, peeled and diced
3/4 cup	apple juice
1	apple, peeled and diced
1 cup	red-currant jelly (or black-currant)
1 tsp	ground cloves
4	slices bacon, diced
2 tblsp	all-purpose flour
2-3 tblsp	cranberries (optional)

Preparation time: about 1 hour

Red Cabbage is one of the most classic side-dishes for roast meat and poultry of all kinds and in combination with potato dumplings or „Semmelknödel" one of the most authentic German meals.

Sauerkraut - so, wie die „Krauts" es zubereiten

Zutaten für 4 Personen:

1	*Zwiebel*
50 g	*Butterschmalz*
750 g	*Sauerkraut**
5	*Wacholderbeeren*
2 TL	*Kümmelsaat (oder*
	1 TL gemahlener Kümmel)
	Salz
	Zucker

Zubereitungszeit: 45 Minuten

Und so wird's gemacht:

1 Die gepellte und gewürfelte Zwiebel wird in einem Topf in dem Butterschmalz hellgelb angedünstet. Dann kommt das Sauerkraut hinzu, wird kurze Zeit und unter ständigem Rühren mit angedünstet, bevor du dann so viel Wasser in den Topf gießt, dass das Sauerkraut knapp mit Flüssigkeit bedeckt ist.

2 Nun fügst du Wacholderbeeren und Kümmel zu und lässt das Ganze bei mittlerer Hitze ca. 1/2 Stunde lang köcheln - möglichst nicht länger, damit die reichhaltigen Vitamine nicht verloren gehen.
* Eventuell ist das Sauerkraut schon vorgegart - siehe Dosenaufdruck - dann verkürzt sich die Garzeit und ist entsprechend angegeben.

3 Wer Wiener oder Frankfurter Würstchen dazu mag, legt diese zum Aufwärmen für die letzten 10 Minuten auf das Sauerkraut.

4 Zum Schluss wird gewürzt: auf jeden Fall mit etwas Salz und mit etwas Zucker. Einige Leute essen ihr Sauerkraut lieber etwas süßer als zu sauer, aber das ist Geschmackssache. Versuche es zunächst einmal mit 2-3 Esslöffeln Zucker.

5 Dazu schmeckt Kartoffelbrei (Rezept auf Seite 84) oder Semmelknödel (Rezept auf Seite 102) oder Kartoffelklöße (Rezept auf Seite 100).

Eine liebliche Variante dieses Ur-Rezeptes ist „Ananas-Sauerkraut". Hierfür fügst du am Ende der Garzeit ein paar Ananaswürfel aus der Dose sowie etwas von dem Ananassaft zu (Wassermenge dann entsprechend reduzieren und den Kümmel weglassen).

Und für die herzhafte Variante kannst du 100 g gewürfelten Frühstücksspeck zusammen mit der Zwiebel anrösten und dann wie im obigen Originalrezept weiter verfahren.

Sauerkraut - like the „Krauts" prepare it

And here's how it's done:

1 In a medium-size pot, heat butter lard, stir in onion and cook until golden. Add Sauerkraut, stir over high heat for abt. 2 minutes, then pour enough water into the pot to almost cover the Sauerkraut.

2 Work in juniper berries, caraway and cook over reduced heat for about 1/2 hour.
In some case, canned Sauerkraut is pre-treated already. In this case the cooking time will be less - see directions on the package.

3 If you like Wiener Sausage or Frankfurters to go with the Sauerkraut, heat them for the last 10 minutes on top of the Sauerkraut.

4 Season with salt and pepper, and maybe - according to taste - add 2-3 teaspoons of sugar.

5 Serve with mashed potatoes (recipe p. 85), Semmelknödel (recipe p. 103) or Potato Dumplings (recipe p. 101).

Ingredients for 4 persons:

26 ozs.	Sauerkraut*
2 tblsp	butter lard
1	onion, peeled and chopped
5	juniper berries
2 tsp	caraway seed (or 1 tsp ground caraway)
	salt
	sugar

Preparation time: about 45 min.

Here is a sweet variation for the Sauerkraut:
Add canned pineapple cubes for the last 10 minutes of cooking as well as some of the pineapple juice. In this case, reduce amount of water and do not use caraway.

Or a more savory variation: Fry 3-4 ozs. bacon, cut in slices and fry together with the onion. Then proceed as per original recipe above.

Kartoffelbrei S. 84
(Sauerkraut S. 80)

Ohne Kartoffeln...

Lauwarmer Kartoffelsalat S. 86
(Wiener Schnitzel S. 56)

Raclettekartoffeln aus der Folie S. 88

Kartoffelgratin S. 90

… geht es nicht!

Bauernfrühstück S. 92

Kartoffelbrei (Stampfkartoffeln, Kartoffelpüree)

Zutaten für 4 Personen:

900 g	Kartoffeln (mehligkochende Sorte)
250 ml	Milch (oder Sahne)
40 g	Butter
	Salz
	Pfeffer
	Muskat

Zubereitungszeit: ca. 30 - 40 Min. (inkl. Garzeit)

Und so wird's gemacht:

1 Die Kartoffeln werden geschält, in gleich große Würfel geschnitten und in einem Topf mit kaltem Wasser (das Wasser soll die Kartoffeln knapp bedecken) zum Kochen gebracht. 1 TL Salz zufügen und dann bei reduzierter Hitze ca. 15-20 Minuten gar kochen.

2 Zwischenzeitlich erwärmst du die Milch (oder Sahne) mit der Butter in einem kleinen Topf.

3 Nach Ablauf der Garzeit der Kartoffeln wird das Wasser abgegossen und der Topf noch mal kurz auf die Herdplatte gestellt, damit die Kartoffeln ausdämpfen. Nun nimmst du entweder einen Kartoffelstampfer oder eine Kartoffelpresse und zerstampfst oder zerdrückst die Kartoffelwürfel in einer Schüssel.

4 Dann gibst du die heiße Milch-Butter-Flüssigkeit dazu, rührst kräftig um und schmeckst das Kartoffelpüree noch mal mit Salz, Pfeffer und geriebener Muskatnuss ab. Fertig!

5 Variationen:
- mit zusätzlichen 2-3 TL Senf (z. B. zu gebratenem Fisch)
- mit zusätzlichen 2-3 TL geriebenem Meerrettich (z. B. zu Frikadellen)
- mit 3 EL Olivenöl
- mit 3 EL Creme Fraiche oder Mascarpone
- mit 3 EL frischen Kräutern

Ein traditionelles, sehr leckeres und dennoch einfaches Gericht ist Himmel und Erde: *Apfelkompott (Himmel, Rezept S. 13) mit Kartoffelbrei (Erde). Dazu schmecken in der Pfanne geröstete Zwiebeln, knuspriger Speck und/oder Bratwurst. Ganz stilecht wäre es mit gebratener Blutwurst, aber das ist nicht jedermanns Geschmack...*

Mashed Potatoes (Potato purée)

And here's how it's done:

1 Place potatoes in a medium size pot, cover with salted water, bring to a boil. Reduce heat and simmer, partially covered, 15-20 minutes or until tender.

2 Drain well and steam off. In a large bowl, mash potatoes with a potato masher to very smooth consistency.

3 Melt butter in a small pot, add milk, simmer over medium heat and transfer to mashed potatoes.

4 Season with salt, pepper and ground nutmeg to taste, whisk until well blended.

5 Variations:
- add 2-3 tsp mustard (when served with fried fish)
- add 2-3 tsp ground horse-radish (when served with meatballs or hamburgers)
- add 3 tblsp olive oil
- add 3 tblsp crème fraiche or Mascarpone
- add 3 tblsp freshly chopped herbs

Ingredients for 4 persons:

2 lb	potatoes, peeled and diced
1 cup	milk (or heavy cream)
2 tblsp	butter
	salt, pepper
	ground nutmeg

Preparation time: 30 - 40 min.
(including boiling of potatoes)

A traditional, very tasty and simple to fix dish is „Heaven and Earth": Arrange apple sauce („heaven") and mashed pota-toes („earth") on a plate, serve together with pan fried onions, crispy bacon and/or fried sausage.

Kartoffelsalat - lauwarm

Zutaten für 4 Personen:

900 g	Kartoffeln
1	große Zwiebel
1 El	Öl
300 ml	Gemüsebrühe
3 El	heller Balsamico-Essig oder Weißweinessig
	Salz; Pfeffer
	Zucker
1/2	Salatgurke
	Petersilie

Zubereitungszeit: ca. 1 Std.

Und so wird's gemacht:

1 Die Kartoffeln werden gewaschen und dann mit der Schale in einem großem Topf knapp mit Wasser bedeckt ca. 20-30 Minuten gar gekocht (Stichprobe mit einer Gabel). Wasser abgießen, Kartoffel kurz ausdämpfen lassen und so bald wie möglich pellen und in Scheiben schneiden. Bei heißen Kartoffeln geht das am besten, wenn du sie mit einer Gabel aufspießt und dann schnell pellst. Kartoffelscheiben in einer Schüssel warm halten.

2 Während die Kartoffeln kochen, schälst du die Zwiebel, schneidest sie in kleine Stücke und dünstest sie in einem kleinen Topf ca. 2-3 Minuten im heißen Öl. Dann kommt die Brühe hinzu, kurz aufkochen lassen und anschließend mit dem Essig, Salz, Pfeffer und Zucker kräftig würzen.

3 Die Brühe wird über die Kartoffelscheiben gegossen. Mindestens 15 Minuten warm gestellt ziehen lassen, bevor der Salat dann serviert wird.

4 In dieser Zeit schälst du die Salatgurke, hobelst sie in dünne Scheiben und bestreust sie mit etwas Salz. Kurz vor dem Servieren mengst du die Gurkenscheiben (ohne Flüssigkeit) unter den Kartoffelsalat und streust etwas kleingehackte Petersilie obenauf.

Julia (Venezuela 2008)

Ohne die Plátanos (Kochbananen) geht hier nichts!! Bei uns zu Hause gibt's die zu jedem Essen und wenn nicht... dann fangen alle an sich zu beschweren. Wir packen die jedoch einfach in den Ofen und nicht wie sonst üblich in die Fritteuse oder Bratpfanne. Meine Gastmutter ist sehr darauf bedacht gesund zu kochen.

Potato Salad - luke warm

And here's how it's done:

1 In a large pot, boil washed potatoes (with skin) for about 30 minutes until done (check with a fork). Drain and steam off potatoes, peel while still hot and cut into equal slices. Cover, set aside and keep warm.

2 In a small pot, heat oil, add onion cubes, stir and cook for about 2 - 3 minutes until clear.

3 Add vegetable broth to pot and bring to a boil, season savoury with vinegar, salt, pepper and sugar. Pour broth over potato slices, cover, set aside and keep warm for about 15 minutes.

4 Meanwhile, peel and cut cucumber into thin slices, sprinkle with salt. Before serving, squeeze excess water from cucumber slices and blend with potatoes. Garnish with chopped parsley.

Ingredients for 4 persons:

2 lb	potatoes
1	big onion, peeled and cubed
1 tblsp	oil
1 1/4 cups	vegetable broth
3 tblsp	white vinegar
	salt, pepper
	sugar
1/2	cucumber
	parsley

Preparation time: about 1 hour

Raclettekartoffeln aus der Folie

Zutaten für 4 Personen:

900 g	Kartoffeln
5	Frühlingszwiebeln
4 EL	Öl
	Salz, Pfeffer
300 g	Raclette Käse in Scheiben
	Alu-Folie

Zubereitungszeit: ca. 1 Stunde

4 Als Beilage kannst du alles nehmen, was der Kühlschrank zu bieten hat: Schinken, Roastbeef, Hühnerfleisch, gegrilltes Fleisch oder Würstchen, gekochte Eier, kleine Maiskölbchen, Cornichons, frisches Gemüse jeder Art usw.

Und so wird's gemacht:

1 Die Kartoffeln werden mit Schale in Salzwasser gekocht, abgegossen, ausgedämpft, gepellt und dann in gleichmäßige Scheiben geschnitten. Von den Frühlingszwiebeln entfernst du die dunkelgrünen Teile und schneidest das Weiße und Hellgrüne in feine Ringe.

2 Aus der Alu-Folie stellst du nun vier gleichgroße Rechtecke her (Abmessung ca. 35 x 35 cm), bepinselst jedes mit etwas Öl und belegst es dachziegelartig mit jeweils einem Viertel der Kartoffelscheiben. Dann streust du Salz, Pfeffer und Frühlingszwiebeln auf die Kartoffeln und belegst jede Portion zum Schluss mit Käse.

3 Bevor die Folie an den Rändern hochgeklappt wird, träufelst du das restliche Öl auf die Käsescheiben und verschließt dann jedes Päckchen fest. Im vorgeheizten Backofen (220 ° C, mittlere Schiene) garen die Raclette-Kartoffeln dann ca. 20 Minuten lang.

Und hier noch zwei schnelle Dips:

> *1 Becher Joghurt mit 1 Becher Crème Fraiche mischen, 5 EL Ketchup und 1 EL Meerrettich (aus dem Glas) dazu, mit Salz, Pfeffer und Paprikapulver herzhaft würzen.*
> *1 Becher Joghurt mit 1 Becher Crème Fraiche mischen und eine reife, zerdrückte Avocado mit etwas Zitronensaft dazugeben, salzen und pfeffern.*

Oven Raclette Potatoes

And here's how it's done:

1 In a large pot, boil potatoes in salted water, drain, steam off, peel and cut in equal slices.

2 Grease 4 equal pieces of aluminum foil (about 14 x 14 "), place 1/4 of potatoes on each piece, sprinkle with chives, salt and pepper. Cover with cheese and sprinkle with remaining oil.

3 Tightly close aluminum foil and bake in preheated oven at 425 ° F for 20 minutes on middle rack.

4 Serve together with all what's available in the fridge: ham, roast beef, chicken, grilled meat and sausages, boiled eggs, pickles, fresh vegetables and so forth.

Ingredients for 4 persons:

2 lb	potatoes
5	chives, white and light green parts, sliced
4 tblsp	oil
	salt, pepper
11 ozs.	Raclette cheese (altern. shredded cheese)
	aluminum foil

Preparation time: abt. 1 hour

And here are 2 quick dips:

- *Stir together 1 cup yoghurt with 1 cup crème fraiche, add 5 tblsp ketchup, 1 tblsp ground horseradish, salt, pepper and sweet paprika, stir until well blended.*
- *Stir together 1 cup yoghurt with 1 cup crème fraiche, add a mashed ripe avocado, season with lemon juice, salt and pepper, stir until smooth.*

Kartoffelgratin

Zutaten für 4 Personen:

900 g	Kartoffeln
125 ml	Milch
250 ml	Sahne
	Salz, Pfeffer
	Muskat (gerieben)
1 EL	Öl
60 g	geraspelter Käse
2 EL	Butter

Zubereitungszeit: ca. 1 Std.

Und so wird's gemacht:

1 Die Kartoffeln werden geschält, in gleichmäßige Scheiben geschnitten und anschließend in einem großen Topf mit kochendem Salzwasser ca. 5 Min. vorgekocht. Dann gießt du sie zum Abtropfen in ein Sieb.

2 Die Milch und die Sahne werden in einem kleinen Topf zum Kochen gebracht und mit Salz, Pfeffer und geriebenem Muskat kräftig abgeschmeckt.

3 Nun pinselst du eine Auflaufform (ca. 1 l Inhalt) mit dem Öl aus und schichtest die Kartoffelscheiben schuppenförmig in die Form.

4 Zum Schluss gießt du die Milch-Sahnemischung über die Kartoffelscheiben, bestreust sie mit dem Käse und verteilst die Butter gleichmäßig als kleine Flöckchen darüber.

5 Im vorgeheizten Ofen (200° C, mittlere Schiene) lässt du das Gratin jetzt ca. 30 - 40 Minuten backen, bis es eine schöne goldene Farbe angenommen hat. Möglichst sofort servieren.

6 Dazu passt ein gemischter Salat oder jede Art von kurz gebratenem Fleisch.

Filip aus Tschechien (2009)

Die deutsche Küche ist der tschechischen Küche, die ich von Zuhause kenne, sehr ähnlich. Es hat mir eher überrascht, dass die Deutschen, die ich kenne, immer frühstücken, und immer zusammen, während das Abendbrot ist mehr „free". Bei uns ist das umgekehrt - Wir haben kein oder ein kleines Frühstück aber warmes Abendessen haben wir immer zusammen am Tisch.
Wegen des allgegenwärtigen Brotes finde ich Deutschland die größte Bäckerei der Welt. Anderseits Spätzle und Apfelschorle sind einfach Schatz meiner neuen Heimat.

Potato Gratin (Potato Casserole)

And here's how it's done:

1 In a large pot, bring salted water to a boil, add potato slices and boil for about 5 minutes. Drain in a colander.

2 In a small pot, stir together milk and heavy cream, bring to a boil over high heat, stirring constantly. Season with salt, pepper and ground nutmeg.

3 Grease a shallow baking dish (about 2 qt.) with oil, place layers of potatoes evenly into the dish.

4 Pour milk/cream mixture over potatoes, sprinkle with shredded cheese and dot with butter.

5 Bake in preheated oven at 400° F, middle rack, for 30 - 40 minutes or until golden. Serve immediately.

6 Serve with tossed salad or any kind of fried meat.

Ingredients for 4 persons:

2 lb	potatoes, peeled, sliced
8 tblsp	milk
1 cup	heavy cream
	salt, pepper
	ground nutmeg
1 tblsp	oil
2 ozs.	shredded cheese
2 tblsp	butter

Preparation time: abt. 1 hour

Bauernfrühstück

Zutaten für 4 Personen:

900 g	Kartoffeln
1 rote	Paprikaschote
1 gelbe	Paprikaschote
300 g	Frühlingszwiebeln
150 g	Frühstücksspeck
10 EL	Öl
	Salz, Pfeffer, Muskatnuss
3	Eier
5 EL	Milch
	Schnittlauch
2	Tomaten

Zubereitungszeit: ca. 1 Std.
(ohne Kochzeit der Kartoffeln)

Und so wird's gemacht:

1 Die Kartoffeln kochst du am besten am Vortag (s. Rezept: Pellkartoffeln in der Kochschule S. 9).

2 Nun werden die Kartoffeln gepellt und in ca. 2 cm große Würfel geschnitten. Paprikaschoten mit dem Sparschäler schälen und die Kerne entfernen. Die Paprikaschoten und den Speck in Würfel schneiden. Von den Frühlingszwiebeln entfernst du die dunkelgrünen Teile, wäschst und schneidest sie in dünne Ringe.

3 In einer großen ofenfesten Pfanne, also ohne Holz- oder Plastikgriff, erhitzt du das Öl und brätst darin zunächst Paprikawürfel, Speck und Frühlingszwiebeln an. Dann kommen die Kartoffelwürfel hinzu, die bei mittlerer Hitze solange gebraten werden, bis sie hellbraun sind. Dabei musst du ständig umrühren, damit nichts anbrennt. Eventuell musst du die Kartoffeln in zwei Portionen anbraten, wenn die Pfanne nicht groß genug ist. Abschließend mit Salz und Pfeffer würzen.

4 In der Zwischenzeit verquirlst du die Eier mit der Milch, schmeckst die Mischung mit geriebener Muskatnuss, Salz und Pfeffer herzhaft ab und gießt diese Mischung in die Pfanne zu den Kartoffeln.

5 Jetzt wird die Hitze reduziert und ein Deckel auf die Pfanne gelegt. Nach ca. 10 Minuten ist die Masse gestockt, d.h. die Eier-Milch-Mischung ist fest geworden.

6 Nun schiebst du die Pfanne (ohne Deckel) noch für weitere ca. 10 Min. in den vorgeheizten Ofen (200° C, mittlere Schiene). Wenn die obere Schicht eine schöne braune Farbe angenommen hat (evtl. für die letzten 5 Minuten den Grill zuschalten), kannst du die Bauern zum Frühstück rufen. Schnell noch mit Tomatenscheiben belegen und ein paar Schnittlauchröllchen bestreuen - fertig.

Wenn du eine schöne gusseiserne Pfanne verwendest, kannst du diese auf den Tisch stellen und jeder bedient sich selbst.

Farmer's Breakfast

And here's how it's done:

1 If possible boil potatoes one day prior to fixing this meal.

2 Peel and cut potatoes in 1" cubes. Wash and peel bell peppers, remove seeds and white skin, cut in 1"cubes. Remove dark green parts from green onions, cut in thin slices.

3 In a large oven-suitable skillet, heat oil over medium heat, add bacon cubes, green onions and bell pepper cubes, cook until golden. Then add potato cubes, stirring constantly until light brown. Sprinkle with salt and pepper. Maybe you will have to bake the above ingredients in two portions if skillet is not large enough.

4 Meanwhile beat together eggs and milk, season with nutmeg and (optional) some more salt and pepper. Pour evenly over potatoes, cover and simmer over reduced heat for about 10 minutes until the egg-milk-mix is firm.

5 Place skillet into preheated oven at 400° F, middle rack, and bake for 10 minutes or until golden.

6 Decorate with sliced tomatoes and sprinkle with chopped chives just before everybody gathers to eat.

Ingredients for 4 persons:

2 lb	potatoes, boiled with skin
1	red bell pepper
1	yellow bell pepper
10 ozs.	green onions
5 ozs.	bacon, cubed
10 tblsp.	oil
	salt, pepper, nutmeg
3	eggs
5 tblsp	milk
	chives, chopped
2	tomatoes, sliced

Preparation time: abt. 1 hour (without boiling of potatoes)

If cooked in a nice cast-iron skillet, put skillet in the middle of the table and let everybody help themselves.

Kartoffelpuffer S. 96

Knuspriges aus der Pfanne

Rösti S. 98
(Zürcher Geschnetzeltes S. 64)

Kartoffelklöße S. 100
(Rotkohl S. 78)

Klöße oder Knödel?

Semmelknödel S. 102

Kartoffelpuffer (Reibekuchen, „Reiberdatschi")

Zutaten für 4 Personen:

900 g	Kartoffeln (festkochende Sorte)
1	Zwiebel
2	Eier
2-3 EL	Mehl
	Salz
	Öl zum Braten

Zubereitungszeit: ca. 45 min.

Und so wird's gemacht:

1 Die geschälten rohen Kartoffeln werden auf einer groben Reibe in eine große Schüssel geraspelt. Da sich bei diesem Vorgang ziemlich viel Wasser ansammelt, musst du die Kartoffelmasse entweder mit den Händen ausdrücken oder sie in ein Sieb zum Abtropfen schütten.

2 Als nächstes wird nun die Zwiebel geschält und fein gerieben zu der Kartoffelmasse gegeben. Dann fügst du die Eier und das Mehl hinzu, rührst alles kräftig um und würzt die Masse mit Salz nach Geschmack. Falls der Teig zu flüssig ist, gibst du noch etwas Mehl hinzu.

3 Nun wird in einer großen beschichteten Pfanne reichlich Öl bei mittlerer Temperatur erhitzt und der Kartoffelteig esslöffelweise hinein gegeben. Mit einem Löffel auf ca. 8-10 cm Ø verstreichen und die Reibekuchen bei mittlerer Hitze von jeder Seite kross goldgelb braten. Herausnehmen und auf Küchenpapier kurz abtropfen lassen.

4 Direkt aus der Pfanne serviert schmecken die knusprigen Kartoffelpuffer natürlich am besten, was für den Koch allerdings bedeutet, dass er bis zum Schluss mit dem Essen warten muss.

Dazu schmeckt Apfelkompott (siehe Rezept auf Seite 13). Oder man streut Zucker auf die Reibekuchen, wie es in einigen Regionen üblich ist.
Mit einem grünen Salat und einem Dip aus Crème Fraiche, Kräutern und etwas Salz sind Kartoffelpuffer eine vollständige und leckere Mahlzeit.

Laila (Bolivien 2006)
In Bolivien ist in der Zeit der „siesta" Funkstille auf den Straßen und die Läden haben geschlossen. Alle Leute sitzen zusammen mit ihrer Familie beim Essen. Erst musste ich mich daran gewöhnen, aber ich habe mich sehr gut damit angefreundet und schätzte es sehr, mal mit meiner Familie zusammen zu essen und sich dabei nicht zu hetzen, sonders über das eine oder andere Erlebnis aus der Arbeit oder der Schule zu reden.

Hash Brown Potatoes

And here's how it's done:

1 Peel potatoes and grate them medium-coarse into a bowl. This grated potato batter is rather watery, therefore squeeze with your hands or drain in a colander.

2 Peel and finely grate onion, add to potato batter together with eggs and flour, blend until smooth. Season with salt. Should the batter be too fluid, add some more flour.

3 Heat oil in a large non-stick skillet over medium-high heat, spoon batter into the pan, form pads of about 3-4" ø and bake on each side until golden and crispy.

4 Serve if possible right from the pan.

Ingredients for 4 persons:

2 lb	potatoes
1	onion
2	eggs
	salt
2 tblsp	all-purpose flour
	oil

Preparation time: abt. 45 min.

Serve with apple sauce or - as it is customary in some regions - sprinkle with sugar.

With a tossed salad and a dip made out of sour creme or crème fraiche, seasoned to taste with herbs and salt, you will get a full meal.

Rösti

Zutaten für 4 Personen:

650 g	Kartoffeln
4 EL	Speisestärke
	Salz, Pfeffer
	Muskat
8 EL	Öl

Zubereitungszeit: ca. 30 Min.

Und so wird's gemacht:

1 Die Kartoffeln werden geschält und sofort auf einer mittelgroben Küchenreibe in eine Schüssel mit kaltem Wasser geraspelt.

2 Anschließend gießt du die grob geraspelten Kartoffeln in ein Sieb und lässt sie abtropfen. Danach mit den Händen kräftig ausdrücken.

3 Die Speisestärke wird mit der Kartoffelmasse vermengt und mit Salz, Pfeffer und evtl. Muskat gewürzt.

4 In einer großen beschichteten Pfanne erhitzt du das Öl. Die Kartoffelmasse reicht für 12 Rösti, also entsprechend große Portionen mit einem Löffel in die Pfanne setzen. Dann reduzierst du die Hitze (auf mittlere Hitze) und brätst die Rösti ca. 3 Minuten von jeder Seite, bis sie goldbraun sind. Gleich nach dem Braten auf Küchenpapier abtropfen lassen und bis zum Servieren warm stellen.

Rösti sind eine leckere Beilage zu fast jedem Gericht. Selbst ein gemischter Salat wird durch Rösti zum Hauptgericht.

Lisa (Freiwilligendienst, Elfenbeinküste 2009)

Vor einer Woche saß ich mit einem Ivorer bei einem Essensstand und wir haben ein Gericht aus frittierten Bananen gegessen. Die scharfe Soße, die es dazu gibt, führte das Gespräch auf die Unempfindlichkeit ivorischer Geschmacksnerven. Ich erklärte ihm, dass es mir absolut schleierhaft ist, wie die Menschen hier ihr scharfes Essen essen können, ohne Feuer zu spucken, während ich heule und mir die Nase rinnt und der ganze Mund verbrennt. Diese Schärfe ist ja nicht wirklich Genuss! Schärfe ist ja auch eigentlich kein Geschmack, sondern ein Schmerzempfinden. Mein Begleiter erklärte mir dann, es wäre eben Teil der ivorischen Kultur, und die Ivorer wären eben abgehärtet und würden sich nicht mehr verbrennen. Daraufhin steckte er sich einen ganzen Löffel der scharfen Soße in den Mund und konnte für die nächsten zehn Minuten kein Wort mehr herausbringen, was sehr zur allgemeinen Erheiterung beitrug. Beruhigend für mich: es gibt auch für Ivorer einen maximalen Schärfegrad!

Rösti (Swiss Hash Brown Potatoes)

And here's how it's done:

1 Peel potatoes and shred them medium coarse into a bowl with cold water.

2 Drain in a colander and squeeze shredded potatoes with your hands.

3 Combine potatoes with corn starch, add salt and pepper (maybe some ground nutmeg), blend until smooth.

4 In a large non-stick skillet, heat oil, spoon potato batter into the pan (12 equal pads), reduce heat and fry Rösti on each side for about 3 minutes until golden.

Ingredients for 4 persons:

1 1/2 lb	potatoes
4 tblsp	corn starch
	salt, pepper
	nutmeg (optional)
8 tblsp	oil

Preparation time: abt. 30 min.

Rösti is a delicious all-round side-dish. With just a simple tossed salad you will get a nice main dish.

Kartoffelklöße

Zutaten für 4 Personen:

ca. 650 g	kleine bis mittelgroße Kartoffeln, mehlig-kochende Sorte
50 g	Butter
2	Scheiben Toastbrot, getoastet
2	Eigelb
50 g	Speisestärke
	Salz
	Muskatnuss

Zubereitungszeit: ca. 1 3/4 Std.

Und so wird's gemacht:

1 Für die Zubereitung dieser Klöße ist es sehr wichtig, dass die Kartoffeln so trocken wie möglich verarbeitet werden. Daher werden die gewaschenen Kartoffeln ungeschält im vorgeheizten Backofen auf einem Backblech ca. 1 Stunde lang gegart (160° C, 2. Schiene von unten), bzw. bis sich die Kartoffeln beim Reinpieksen mit einer Gabel weich anfühlen. Die Kartoffeln ca. 10 Minuten lang auf einem Backgitter ausdämpfen lassen, anschließend noch warm pellen.

2 In der Zwischenzeit wird das getoastete Brot in kleine Würfel geschnitten und in 20 g Butter in einer beschichteten Pfanne kross gebraten. Zur Seite stellen und erkalten lassen.

3 Nun müssen die Kartoffeln zweimal nacheinander durch eine Kartoffelpresse gedrückt werden, damit die Konsistenz sehr fein und glatt wird. (Alternativ mit dem Kartoffelstampfer so lange stampfen, bis keine Klümpchen mehr vorhanden sind).

4 In einem kleinen Töpfchen wird die restliche Butter zerlassen und mit den Eigelben und der Speisestärke unter die Kartoffelmasse gerührt. Mit Salz und geriebener Muskatnuss abschmecken.

5 Nun teilst du die Masse in acht gleich große Stücke und drückst jedes Stück in den Händen zu einer flachen, runden Scheibe. In die Mitte kommen ein paar von den gerösteten Brotwürfeln, dann wird die Scheibe zu einer Kugel (Kloß) geformt. Zwischen den Händen rollen, bis der Kloß richtig schön rund und glatt ist.

6 In einem großen Topf werden ca. 3 Liter leicht gesalzenes Wasser zum Kochen gebracht. Mit Hilfe einer Schaumkelle lässt du die Klöße ins Wasser gleiten. Gleich danach wird die Hitze reduziert, damit sie nicht zerkochen. Nach ca. 10 Minuten sind die Klöße fertig und werden wieder mit der Schaumkelle aus dem Wasser genommen.

Als klassische Beilage empfiehlt sich Sauerkraut (s. Rezept Seite 80) oder Rotkohl (s. Rezept Seite 78).

Potato Dumplings

And here's how it's done:

1 To prepare these potato dumplings, it is very important to cook potatoes as dry as possible. Therefore: On a cookie sheet, place washed potatoes in the preheated oven at 325° F, 2nd rack from bottom, cook about 1 hour or until tender when pricking with a fork. Steam off for 10 minutes on a wire rack, peel while still warm.

2 While potatoes are cooking, melt 1 tblsp butter in a small non-stick skillet, add bread dices, fry until golden. Set aside and cool.

3 With a potato press or potato masher, mash potatoes to very smooth consistency.

4 Melt remaining butter in a small pot. Add to mashed potatoes, stir and work in egg yolks and corn starch. Season with salt and ground nutmeg, stir until very smooth.

5 Divide potato batter into 8 equal pieces. Press each piece flat in your hand palm, fill in some of the bread croutons, form a ball (dumpling) and roll in wetted hands until round and very smooth.

6 In a large pot, bring salted water to a boil. Place dumplings carefully with a skimmer in the pot, then reduce heat immediately (boiling water would destroy the dumplings) and simmer for about 10 minutes. Remove dumplings with skimmer and keep warm.

Ingredients for 4 persons:

1 1/2 lb	potatoes, medium size
3 tblsp	butter
2 slices	white bread, toasted and diced
2	egg yolks
4 tblsp	corn starch
	salt
	ground nutmeg

Preparation time: about 1 3/4 hours

Potato dumplings are one of the most favourite side-dishes for Sauerkraut (see recipe on page 81) and Red Cabbage (see recipe on page 79).

Semmelknödel

Zutaten für 4 Personen:

450 g	Weißbrot
65 g	Butter
2	mittelgroße Zwiebeln
2 EL	gehackte Petersilie
200 ml	Milch
2	Eier
	Salz, Pfeffer
	geriebene Muskatnuss

Zubereitungszeit: ca. 60 min.

Und so wird's gemacht:

1 Das Weißbrot darf nicht frisch verwendet werden, sondern sollte einen Tag an der Luft gelegen haben. Alternativ kannst du frisches Weißbrot (Toastbrot) im Toaster auf mittlerer Stufe anrösten. Dieses angetrocknete Brot schneidest du in kleine Würfel und gibst diese in eine Schüssel.

2 Nun wird die Butter in einem kleinen Topf zerlassen und die geschälten und in kleine Würfel geschnittenen Zwiebeln darin angedünstet, bis sie hellgelb sind. Petersilie untermengen und diese Mischung zu den Brotwürfeln geben.

3 Dann wird die Milch erwärmt. Wenn sie heiß ist (aber nicht kocht), gießt du sie über die Brot-Zwiebel-Petersilien-Mischung. Nicht umrühren, sondern für ca. 30 Minuten zum Quellen zur Seite stellen.

4 In einer kleinen Schüssel verrührst du nun die Eier, gibst sie zusammen mit Salz, Pfeffer und etwas geriebener Muskatnuss zur Brotmischung und rührst bzw. knetest nun alles kräftig durch.

5 Aus dieser Masse werden jetzt acht Knödel geformt (dazu musst du die Hände etwas mit Wasser anfeuchten). Die Knödel lässt du vorsichtig in einen großen Topf mit kochendem Salzwasser (ca. 3 Liter Wasser mit ca. 3 EL Salz) gleiten. Gleich danach musst du die Hitze reduzieren, denn sonst zerkochen die Knödel und es gibt „Knödelsuppe".

6 Nach ca. 15 Minuten sind die Knödel gar. Mit einer Schaumkelle holst du sie vorsichtig aus dem Topf heraus. Bis zum Servieren warm halten.

Semmelknödel schmecken prima zu allen geschmorten Fleisch- und Geflügelgerichten, zu Sauerkraut mit Würstchen, zu gedünsteten Pilzen oder, oder, oder...

White Bread Dumplings

And here's how it's done:

1 The white bread must not be fresh, but at least one day old and consequently dry. Alternatively toast bread. Cut bread into small cubes.

2 In a small pot, melt butter, add onions and cook over high heat until golden. Stir in chopped parsley and transfer to bread cubes.

3 Wipe the pot and use it again for heating the milk until hot but not boiling. Season with salt, pepper and ground nutmeg and pour over bread mixture. Do not stir at this point but set aside for about 30 minutes.

4 In a small bowl, beat eggs with a fork, add to bread mixture and knead mixture until well blended.

5 Wet hands and form 8 equal size dumplings. Carefully drop them into a large pot with boiling salted water (about 7 pints of water with 3 tbsp of salt). Reduce heat and simmer gently for about 15 minutes.

6 Remove dumplings with a skimmer and keep warm until served.

Ingredients for 4 persons:

1 lb	white bread, sliced
3 tblsp	butter
2	onions, medium-size, chopped
2 tbsp	chopped parsley
1 cup	milk
2	eggs
	salt, pepper
	ground nutmeg

Preparation time: about 60 min.

This kind of dumpling tastes great with any kind of broiled meat or poultry, with Sauerkraut and sausage or with sautéd mushrooms or, or, or ...

Himbeertraum S. 106

Etwas Süßes zum Nachtisch

Rote Grütze S. 108

Bratäpfel S. 110

Kaiserschmarrn S. 112

Himbeertraum

Zutaten für 4 Personen:

100 g   Baiser
600 g   tiefgekühlte Himbeeren
250 ml Schlagsahne
1 EL   Vanillezucker

Zubereitungszeit: ca. 10 Min.
(plus mind. 6 Stunden Auftauzeit)

Und so wird's gemacht:

1 Eine flache Schüssel wird mit den Baisers ausgelegt. Große Stücke kannst du gerne etwas zerbröseln.

2 Auf diese Schicht verteilst du die noch gefrorenen Himbeeren (ein paar Himbeeren und etwas Baiser zur späteren Dekoration zurückbehalten).

3 Mit einem Handmixer mit Quirlaufsatz schlägst du nun die Sahne mit dem Vanillezucker sehr steif und streichst diese gleichmäßig auf die Früchte.

4 Zum Schluss verzierst du alles noch mit den restlichen Himbeeren und Baiserstücken.

5 Am besten schmeckt das Dessert, wenn die Himbeeren richtig aufgetaut sind und mit ihrem Saft die Baiserstücke leicht tränken. In unserem mitteleuropäischen Klima dauert das ca. 6 Stunden bei Raumtemperatur. In wärmeren Gegenden bietet es sich an, die Schüssel in den Kühlschrank zu stellen - dann allerdings musst du mit 10 - 12 Stunden Auftauzeit rechnen.

Anstelle der Himbeeren kannst du auch andere Tiefkühlfrüchte verwenden, wie z.B. Heidelbeeren (Blaubeeren), Erdbeeren oder gemischte Früchte.

Paulina (Ägypten 2008)

In Ägypten isst man gern und viel! Eigentlich ist das Essen mit der Familie an großen, reichbedeckten Tischen eine fortlaufende Tradition, allerdings wird im Alltag der Ägypter selten noch gemeinsam am Tisch gesessen. Die Jugend geht gerne auf dem Weg zur Uni bei Hardees, Mc Donalds oder KFC vorbei - und alle lieben die zuckersüßen Naschereien, die es individuell je zu einem Feiertag gibt.

Raspberry Dream

And here's how it's done:

1 Break meringues in small bits. Keep some for decoration.

2 In a large decorative glass bowl, alternate meringues bits and raspberries. Keep some raspberries for decoration.

3 With a hand-held mixer beat heavy cream together with vanilla extract until very stiff.

4 Spoon evenly on raspberries and decorate with remaining berries and meringues.

5 Place bowl in refrigerator for abt. 12 hours. Or let thaw at room temperature for abt. 6 hours.

Ingredients for 4 persons:

3,5 ozs.   meringues
21 ozs.   deep frozen raspberries
1 cup   heavy cream
1 tsp   vanilla extract

**Preparation time: abt. 10 min.
(plus at least 6 hours thawing time)**

Other frozen berries, like blueberries or mixed frozen berries will do the job as well.

Rote Grütze

Zutaten für 4 Personen:

750 g	Beerenfrüchte*
	(frisch oder tiefgekühlt)
150 g	Zucker
75 g	Speisestärke

Zubereitungszeit:
ca. 20 Min. bei tiefgekühlten Früchten bzw. ca. 30 Min. bei frischen Früchten

* am besten eignen sich rote und schwarze Johannisbeeren, Himbeeren und Brombeeren, aber auch andere Früchte wie Sauerkirschen (Steine entfernen!) und Erdbeeren sind als Zutat lecker.

Und so wird's gemacht:

1 Wenn du frische Früchte verwendest, musst du diese sorgfältig waschen, faule Früchte vorher entfernen. Gut abtropfen lassen. Bei Tiefkühlbeeren entfällt dieser Vorgang natürlich.

2 Eine handvoll Früchte stellst du zur Seite, die restlichen schüttest du in einen Topf entsprechender Größe und lässt sie mit 1/2 Liter Wasser und 100 g Zucker einmal kurz aufkochen.

3 Das Stärkemehl verrührst du in ca. 1/2 Glas kaltem Wasser und rührst diese Mischung unter die heiße Fruchtmasse. Noch einmal aufkochen lassen.

4 Nun zerdrückst du die vorher zur Seite gestellten Früchte mit einer Gabel, vermischt sie mit den restlichen 50 g Zucker und gibst dieses Gemisch dann zum Schluss in den Topf mit der heißen Grütze.

5 In eine Schale füllen und gut durchkühlen lassen. Mit Vanillesoße, leicht geschlagener Schlagsahne oder kalter Milch servieren.

Zur Dekoration eignen sich ein Stängel Zitronenmelisse oder ein paar vorher aussortierte ganze Früchte.

„Red Grits" - Compote of Summer Berries

And here's how it's done:

1 Carefully sort out and wash fresh fruit, strain in a colander. Measure one cup of fruit and set aside.

2 In a medium size pot, mix remaining fruit with 1/2 cup sugar and 2 cups of water. Bring to a boil over high heat, stirring constantly.

3 Mix 1/2 cup of water with corn starch, beat until well blended. Add to hot fruit, stir and cook until clear.

4 With a fork, mash remaining fruit with 1/4 cup sugar and add to hot fruit.

5 Chill and serve either with vanilla sauce or slightly whipped heavy cream or just cold milk.

Ingredients for 4 persons:

26 ozs.	*mixed berries**
	(fresh or frozen)
2/3 cup	*sugar*
1/2 cup	*cornstarch*

Preparation time:
abt. 20 min. for frozen fruit
resp. 30 min. for fresh fruit

*Original ingredients are red and black currents, raspberries and blackberries. However, other fruit like sour cherries (without pit) and strawberries are okay, too.

Garnish with a twig of lemon balm and some berries.

Bratäpfel

Zutaten für 4 Personen:

4	mittelgroße säuerliche Äpfel
20 g	Rosinen
20 g	gehackte Mandeln
100 g	Marzipan
20 g	Honig, flüssig
20 g	Butter
	Puderzucker

Zubereitungszeit: ca. 40-50 Min.

Und so wird's gemacht:

1 Nachdem du die Äpfel gewaschen hast, schneidest du oben am Stielansatz eine dicke Scheibe ab, die später wie ein Deckel wieder auf den Apfel gesetzt wird. Dann höhlst du mit einem scharfen Löffel den Apfel so aus, dass das Kerngehäuse entfernt wird. Unten muss der Apfel geschlossen bleiben.

2 Für die Füllung mischt du nun Rosinen, Mandeln und Marzipan und füllst alles in die Äpfel. Danach träufelst du den Honig vorsichtig über die Füllung und setzt eine Flocke Butter darauf.

3 Die abgeschnittenen Apfeldeckel kommen obenauf, die vier Äpfel werden in eine ofenfeste Form gesetzt und ab in den vorgeheizten Ofen (180 °C, mittlere Schiene).

4 Nach 20 bis 30 Minuten (je nach Apfelsorte) sind sie gar, und bereits beim Öffnen der Ofentür läuft einem das Wasser im Mund zusammen! Vor dem Servieren mit etwas Puderzucker bestreuen.

5 Dazu schmeckt Vanille-Soße oder leicht angeschlagene Schlagsahne oder eine Kugel Vanilleeis - oder einfach nur Bratapfel pur.

Mit Rum-Aroma kann man die ganze Sache noch aromatischer machen: die Rosinen mit etwas kochendem Wasser begießen, einige Tropfen Rum-Aroma dazu und ca. 30 Minuten ziehen lassen.

Eleanor aus Australien (2006)

Wir kaufen im Supermärkte, die viel größer sind als im Deutschland. In Deutschland habe ich die Märkte ganz gern gemocht. Es war toll alle Käse, Wurst, Eier, Obst und Gemüse in einem Ort kaufen zu können. Wir haben hier auch Märkte, aber da können wir nur Obst und Gemüse kaufen..

Stuffed Baked Apple

And here's how it's done:

1. Wash and dry apples and cut off the top which will be used later on as lid. With a sharp spoon hollow out apples removing the core. The base of the apple has to remain closed.

2. For the stuffing mix raisins, almonds and marzipan, fill each apple with the mix, sprinkle with honey and dot with flakes of butter.

3. Lay „apple lids" on top, place apples in an oven-proof dish and let bake in preheated oven at 350° F, middle rack, for about 20 minutes.

4. Before serving, sift with powdered sugar.

5. Try baked apples with vanilla sauce or whipped heavy cream or a scoup of vanilla ice cream or enjoy them just as they are.

Ingredients for 4 persons:

4	medium-size (sour) apples
2 tblsp	raisins
2 tblsp	chopped almonds
2 tsp	butter
1 tblsp	honey, liquid
4 ozs.	marzipan candy dough
	powdered sugar

Preparation time: abt. 40-50 min.

For additional pep, soak raisins for about 30 minutes in hot water with some drops of rum flavouring and proceed as above.

Kaiserschmarrn

Zutaten für 4 Personen:

175 g	Mehl
250 ml	Milch
2	Eier, getrennt in Eigelb und Eiweiß
1 Prise	Salz
100 g	Zucker
80 g	Rosinen
75 g	Butter
5 EL	Mandelstifte
3 EL	Puderzucker

Zubereitungszeit: ca. 30 - 40 Min.

Und so wird's gemacht:

1 In einer Rührschüssel stellst du aus Mehl, Milch, Eigelb und einer Prise Salz einen glatten Teig her.

2 Dann wird das Eiweiß geschlagen. Nimm dazu den Handmixer mit Quirlen, an denen sich keinerlei Fettreste befinden dürfen, denn sonst gelingt der herzustellende Eischnee nicht. Wenn die Eiweißmasse beginnt fest zu werden, lässt du den Zucker langsam reinrieseln und rührst noch weitere 2-3 Minuten.

3 Jetzt wird zunächst ca. 1/3 der Eischneemasse vorsichtig unter den Teig gehoben. Dann nach und nach den Rest zusammen mit den Rosinen unterrühren. Der Teig hat nun eine schaumige Konsistenz.

4 In einer großen beschichteten Pfanne wird nun die Butter geschmolzen und der Teig hinein gegossen. Bei mittlerer Hitze auf dem Herd ca. 5 Minuten „stocken" lassen, d.h. bis die Unterseite etwas fest ist.

5 Mit 2 Holzlöffeln teilst du jetzt den Teig in mundgerechte Stücke und wendest diese vorsichtig in der Pfanne, so dass der Teig also von allen Seiten goldgelb gebraten wird (eventuell noch etwas Butter in die Pfanne geben, damit nichts anbrennt).

6 Vor dem Servieren bestreust du den Kaiserschmarrn mit Puderzucker und den Mandelstiften.

Hierzu schmeckt Apfelkompott (Rezept siehe S. 13) oder ein paar Löffel Preiselbeerkompott prima.

„Kaiserschmarrn"

And here's how it's done:

1 With a mixer, stir together flour, milk, egg yolks, and a dash of salt until smooth.

2 Whisk egg whites until stiff, gradually adding sugar, beat until soft peaks form.

3 Combine both, finally add raisins.

4 In a large non-stick skillet, melt butter over medium heat, spoon batter into pan and cook for about 5 minutes until bottom side of batter is firm.

5 With two wooden spatulas, divide batter into small pieces, turn and brown (golden) on all sides, adding perhaps some more butter.

6 Before serving sprinkle with powdered sugar and almond slices.

Ingredients for 4 persons:

1 1/2 cups	all-purpose flour
1 cup	milk
2	eggs, separated in yolk and egg white
1 dash	salt
1/2 cup	sugar
1/2 cup	raisins
2 tblsp	butter
5 tblsp	almonds, sliced
3 tblsp	powdered sugar

Preparation time: abt. 30-40 min.

Serve with apple sauce or some tablespoons of canned cranberries.

Süße Klassiker

Windbeutel S. 116

Kalter Hund S. 118

Kernige Haferflockenplätzchen S. 120

Schneller Butterkuchen S. 122

Kuchen, Kuchen, Kuchen...

Bienenstich S. 124

Napfkuchen S. 126

Windbeutel

Zutaten:

250 ml	Wasser
60 g	Butter
1 Prise	Salz
150 g	Mehl
35 g	Speisestärke
4	Eier
1 TL	Backpulver

Zubereitungszeit: ca. 1 1/2 Std.

Vorweg zur Info: Hierbei handelt es sich um einen sog. Brandteig. Der Teig wird zunächst im Topf „gebrannt", dann im Ofen fertig gebacken.

Und so wird's gemacht:

1 In einem mittelgroßen Topf werden Wasser, Butter und Salz aufgekocht. Dann schüttest du das Mehl, vermischt mit der Speisestärke, in den Topf, reduzierst die Hitze und rührst den Teig mit einem Holzlöffel so lange, bis ein glatter Kloß entstanden ist und sich ein weißer Film auf dem Topfboden bildet.

2 Nun gibst du den Teigkloß in eine Schüssel und rührst nach und nach mit dem Handmixer die Eier unter, bis ein glatter Teig entstanden ist. Erst jetzt kommt das Backpulver hinzu.

3 Ein Backblech wird mit Backpapier ausgelegt. Mit einem Spritzbeutel werden je nach Verwendungszweck ca. 3 - 5 cm große Teighäufchen auf das Blech gespritzt. Reichlich Abstand lassen. Für die „Schwäne" werden zusätzlich „Hälse" in entsprechender Länge gespritzt.

4 Im vorgeheizten Ofen (200 ° C, mittlere Schiene) ca. 30 Minuten backen. Nach Backende zuerst nur die Backofentür öffnen und die Windbeutel an die frische Brise in der Küche gewöhnen, sonst fallen sie zusammen! Dann herausholen und die noch warmen Windbeutel sofort aufschneiden. Auskühlen lassen, füllen und Deckel draufsetzen.

> **Süße Füllung:**
> - sehr steif geschlagene **Schlagsahne**, mit Vanillezucker gesüßt.
> - besonders für kleine Windbeutel:
>   - **Buttercreme** (siehe Rezept Frankfurter Kranz S. 130)
>   - mit **Vanille-Eiscreme** füllen und einfrieren. Die kleinen Kugeln werden dann erst kurz vor dem Servieren aus dem Tiefkühler geholt und noch mit etwas Puderzucker bestreut.

> **Herzhafte Füllung:**
> - besonders für kleine Windbeutel:
>   - **Käsecreme-Füllung:**
>   120 g weiche Butter mit 120 g Frischkäse oder Camembert zu einer glatten Creme verrühren und mit Paprikapulver würzen.
>   - **Frischkäsefüllung:**
>   Frischkäse oder Frühlingsquark mit etwas Sahne verrühren, nach Geschmack mit Paprika und etwas Salz würzen. Oder frisch gehackte Petersilie oder Schnittlauch unterrühren.
>   -Wenn es schnell gehen soll: fertiger **Fleisch- oder Fischsalat**

Wind Bags

And here's how it's done:

1 In a medium size pot, bring water, butter and salt to a boil. Sieve in flour and corn starch, reduce heat and stir with a wooden spoon until batter has turned into a big dumpling leaving a white coat on the bottom of the pot.

2 Transfer to a bowl and work in eggs, stir until well blended, let cool. Finally, stir in baking powder.

3 Cover a cookie sheet with baking paper. Transfer batter to piping bag, pipe small round- or heart-shaped portions of about 1,5 - 2,5" Ø. To create „swans" pipe additional „throats". Leave enough distance between each batter heap because dough will blow up while baking.

4 Bake in preheated oven at 400° F for about 30 minutes. Be careful when opening the oven door: the „Wind Bags" will collapse when being exposed too quickly to cooler air. Therefore, open oven door first and remove cookie sheet after a couple of minutes only. Slice horizontally while still warm, cool on wire rack. After filling, place cut off upper part on filled base.

Ingredients:

1 cup	water
2 ozs.	butter
1 dash	salt
1 1/4 cup	all purpose flour
1/3 cup	corn starch
4	eggs
1 tsp	baking powder

Preparation time: abt. 1 1/2 hours

› **Sweet filling:**
- whipped cream, sweetened with vanilla sugar
- especially for small Wind Bags:
   - **vanilla-butter cream** (recipe see „Frankfurter Kranz" p. 131)
   - fill with **vanilla ice cream**, store in freezer. Before serving sprinkle with powdered sugar.

› **Savoury filling:**
- especially for small Wind Bags:
   - beat together 4 ozs. soft butter with 4 ozs. **Philadelphia cream cheese** or **Camembert**, stir until well blended and season with paprika.
- **cottage cheese** with herbs
- **fish or meat salad**

Kalter Hund (Kekstorte)

Zutaten für eine Kastenform:

150 g	Kokosfett (Palmin)
1	Ei
225 g	Zucker
1 EL	Vanillezucker
4 EL	Kakao
1 TL	Rumaroma
ca. 150 g	Butterkekse

Zubereitungszeit: ca. 45 Min. (ohne Kühlzeit)

Und so wird's gemacht:

1 Zuerst muss das Kokosfett in einem kleinen Topf geschmolzen werden.

2 Während es wieder abkühlt, schlägst du das Ei in eine Schüssel und rührst es mit dem Zucker und Vanillezucker schaumig. Vorsichtig wird dann der Kakao untergehoben und zum Schluss das lauwarme Kokosfett und das Rumaroma hineingerührt.

3 In eine mit Backpapier oder Frischhaltefolie ausgelegte Kastenform schichtest du Kekse und Kakaomasse abwechselnd ein: zuerst eine Schicht Kekse, dann eine Schicht Kakaomasse und so weiter.

4 Zum Schluss streichst du die restliche Kakaomasse glatt* und lässt die Torte im Kühlschrank für ein paar Stunden richtig fest werden.

*Für Kreative bietet sich eine Fülle von Dekorationsmöglichen für die Torte. So kann man zum Beispiel mit Smarties oder aus Marzipan fantasievolle Dekos herstellen. Dies muss gemacht werden, bevor die Torte in den Kühlschrank kommt, also solange die Kakaomasse noch weich ist.

„Cold Dog" (Cookie Layer Cake)

And here's how it's done:

1 In a small pan, heat crisco until just melted.

2 In the meantime, beat egg with sugar and vanilla sugar, add cocoa. Slowly work in lukewarm crisco as well as rum-flavouring, stir till smooth.

3 Line a loaf pan with plastic wrap or baking paper. Alternate cookies and chocolate mixture.

4 Spread last layer of chocolate mixture evenly on top*. Chill for a couple of hours (preferably over night).

Ingredients:

5 ozs.	crisco/koffa
1	egg
1 cup	sugar
1 tblsp	vanilla sugar
4 tblsp	cocoa
1 tsp	rum-flavouring
5-6 ozs.	butter cookies

Preparation time: about 45 min. (without chilling)

*For those creative ones among you, this cake offers a plentitude of decoration possibilities. Use for example Smarties or marzipan to create fantasy decos on top of the cake. This, however, has to be done while the chocolate mixture is still soft.

Der Hund, der aus der Kälte kommt - Missy, das Samojedenmädchen mit ihrem Quietscheball.

The dog coming in from the cold ... - Missy, the little Samoyed girl with her squeaking toy.

Kernige Haferflockenplätzchen

**Zutaten für ca. 80 Stück
(= 2 Backbleche):**

250 g	Butter
500 g	kernige Haferflocken
3	Eier
200 g	brauner Zucker
1 EL	Vanillezucker
1 TL	Zimt
4 EL	Mehl
1 TL	Backpulver

Zubereitungszeit: ca. 45 Min.

Und so wird's gemacht:

1 In einem Kochtopf wird die Butter zum Kochen gebracht und sofort die Haferflocken kräftig untergerührt. Topf zur Seite stellen und die Masse kalt werden lassen.

2 In der Zwischenzeit mixt du in einer Schüssel mit einem Handmixer mit Quirlaufsatz Eier, Zucker, Vanillezucker sowie Zimt, dann gibst du unter ständigem Rühren Mehl und Backpulver dazu. Zum Schluss wird die erkaltete Haferflockenmasse dazugegeben und kräftig untergerührt.

3 Nun fettest du ein Backblech mit Butter ein oder belegst es mit Backpapier und setzt darauf teelöffelgroße Teighäufchen mit genügend Abstand.

4 Im vorgeheizten Ofen (190° C, mittlere Einschubleiste) werden die Plätzchen jetzt ca. 15 Minuten gebacken, bis sie goldgelb sind. Sofort vom Blech nehmen, auf einem Kuchengitter auskühlen lassen und dann in einer Blechdose aufbewahren, falls sie nicht sofort gegessen werden.

Als Variante kann man die Menge Haferflocken um 100 g reduzieren und dafür die gleiche Menge kleingehackter Mandeln oder Nüsse verwenden.

Penny aus den USA (1968)

During my trip to Europe with 3 friends in 1968 I visited Elke and her family in Hemer. Her mother gave us a real treat with the best of German cooking which we all enjoyed so much. But what impressed me most was that no ready made cake mix would be used! My favorite was „Windbeutel" in the shape of swans and filled with sweet heavy whipped cream, and whenever Elke and I meet we talk about the windbeutel-swans and Elke has to fix them for me.

Steel Cut Oatmeal Cookies

And here's how it's done:

1 In a pot, bring butter to a boil, add oatmeal, stirring constantly. Set aside and cool.

2 Meanwhile beat together with a hand-held mixer eggs, sugar, vanilla sugar as well as cinnamon, stir in flour and baking powder until well blended. Add oatmeal/butter mix, beating at low speed until blended.

3 Grease baking sheets or line with baking paper and place small heaps of dough with about 1" interval on baking sheets.

4 Bake in preheated oven at 380° F, middle rack, for 15 minutes or until cookies are golden. Remove from baking sheet and cool on wire rack. Store in covered tin - if not eaten before!

Ingredients for abt. 80 pcs (= 2 cookie sheets):

9 ozs.	butter
5 cups	oatmeal, steel cut
3	eggs
1 cup	brown sugar
1 tblsp	vanilla sugar
1 tsp	cinnamon
4 tblsp	all-purpose flour
1 tsp	baking powder

Preparation time: about 45 min.

To get a nutty flavour, reduce amount of oatmeal by 1/2 cup and add instead same amount of chopped almonds or nuts.

Schneller Butterkuchen

Zutaten:
(als Maßeinheit gilt der Sahnebecher)

Für den Teig:
1 Becher Schlagsahne (200 ml)
1 Becher Zucker
1 EL   Vanillezucker
          abgeriebene Schale
          von 1 Zitrone
3   Eier
2 Becher Mehl
4 TL   Backpulver

Für den Belag:
200 g   Butter
2 Becher Mandeln, gehobelt oder in
          Stiften
1 Becher Zucker
1 EL   Vanillezucker
6 EL   flüssige Sahne oder Vollmilch

Zubereitungszeit ca. 50 Min.
(inkl. Backzeit)

Und so wird's gemacht:

1 Die Sahne wird in eine Schüssel gegeben. Mit dem leeren Sahnebecher, den du kurz abspülst und abtrocknest, misst du nun die Zutaten für den Teig ab.

2 Schlagsahne mit Zucker, Vanillezucker, Zitronenschale und Eiern mit einem Handmixer schaumig schlagen. Das mit dem Backpulver vermischte Mehl darauf sieben und kräftig weiterrühren, bis ein glatter Teig entstanden ist.

3 Nun legst du ein Backblech mit Backpapier aus und gibst den Teig darauf, anschließend mit einem Teigschaber die Oberfläche glatt streichen. In den vorgeheizten Backofen (200° C, mittlere Schiene) schieben und 12 Minuten backen. Nach 10 Minuten mehrmals kurz mit einer Gabel in den Teig pieksen, damit die Luft entweichen kann.

4 Während der Backzeit bereitest du den Belag vor. Dazu wird die Butter in einem kleinen Topf erwärmt, bis sie geschmolzen ist. Kurz abkühlen lassen, dann Mandeln, Zucker und Vanillezucker unterheben und mit der Sahne (Milch) etwas verdünnen.

5 Diese Masse wird nun vorsichtig auf dem vorgebackenen Teig verteilt und glatt gestrichen. Nach weiteren 10-12 Minuten im Ofen ist der Kuchen fertig.

Peggy aus den USA (1967)

Kuchen, kuchen, kuchen - das habe ich am Liebsten in der Erinnerung von meiner aller schoensten Zeit in Deutschland (1966 bis 1967). Auch die Schlagsahne die man dazu bekam, mit Dr Oetke's Vanillienzucker gemacht. Yum!

Quick Butter Cake

And here's how it's done:

1 In a large bowl, using a hand-held mixer, stir together whipping cream, sugar, vanilla sugar, lemon peel and eggs, blend until smooth.

2 Add sifted flour and baking powder, stir until well blended.

3 Spread dough on a baking sheet covered with baking paper and bake in the pre-heated oven at 400° F for about 12 minutes. After about 10 minutes prick the cake with a fork several times.

4 While the cake is in the oven, melt butter in a small pot until liquid, stir in almonds, sugar, vanilla sugar, adding heavy cream.

5 Remove prebaked cake from oven. Carefully sprinkle with topping, level with nonstick spatula. Bake in oven for another 12 - 15 minutes or until topping is golden.

Ingredients:

For the dough:
1 cup	heavy cream
1 cup	sugar
1 tblsp	vanilla sugar
	grated peel of 1 lemon
3	eggs
2 cups	all-purpose flour
4 tsp	baking powder

For the topping:
7 ozs.	butter
2 cups	almonds, sliced
1 cup	sugar
1 tblsp	vanilla sugar
6 tblsp	heavy cream or regular milk

Preparation time: abt. 50 min. (incl. baking time)

Bienenstich

Zutaten für 1 Backblech:

Für den Teig:
450 g	Mehl
1 Tüte	Trockenhefe
250 ml	Milch
80 g	Butter
100 g	Zucker
1	Ei
1 TL	Salz
1 TL	abgeriebene Zitronenschale

Für den Belag:
100 g	Butter
200 g	Zucker
125 g	Mandelstifte oder Mandelblättchen
3 EL	Milch

Für die Buttercreme - Füllung:
500 ml	Milch
50 g	Palmin
100 g	Zucker
1 P.	Vanillepuddingpulver
200 g	Butter, zimmerwarm
120 g	Puderzucker

Zubereitungszeit: ca. 1 1/2 Stunden

Und so wird's gemacht:

1 Aus den Zutaten für den Teig wird ein Hefeteig hergestellt (wie in der Kochschule auf Seite 21 beschrieben) und auf ein mit Backpapier ausgelegtes Blech gestrichen.

2 Während der Teig, abgedeckt mit einem Küchentuch, im Ofen bei ca. 50° C noch einmal ca. 20 min „geht", bereitest du den Belag wie folgt: Butter in einem kleinen Topf erhitzen und mit dem Zucker und den Mandeln verrühren. Topf vom Herd nehmen, die Milch dazugeben und verrühren.

3 Dieser Belag wird vorsichtig und gleichmäßig auf den Kuchenteig gestrichen. Dann kommt das Blech für ca. 40 Minuten - bzw. bis die Mandelmasse goldbraun ist - in den vorgeheizten Ofen (180° C, mittlere Schiene).

4 Während der Kuchen im Ofen ist, stellst du die Buttercreme her, wie beim Frankfurter Kranz auf Seite 130 beschrieben.

5 Nach Ende der Backzeit nimmst du den Kuchen samt Backpapier vom Blech. Nach dem Erkalten schneidest du ihn in ca. 10 x 7 cm große Stücke. Jedes dieser Stücke wird mit einem scharfen Messer mittig horizontal durchgeschnitten.

6 Die untere Hälfte wird mit der Buttercreme bestrichen, darauf kommt die obere Hälfte mit dem Mandelbelag, und fertig ist der Bienenstich.

Pia (Schweden 2005)
Die Schweden haben eine ausgeprägte Kaffee- und Teetrinkkultur! Niemand weiß genau, woher diese Tradition kommt, doch eins ist klar: Für Schweden geht es dabei größtenteils ums gemütliche Beisammensein, begleitet von etwas zu trinken und einem kleinen Snack. Dafür benutzten die Schweden ein Wort namens fika, welches sich direkt gar nicht ins Deutsche übertragen lässt.

„Bee Sting" Cake - Butter Cream filled Almond Cake

And here's how it's done:

1 To prepare the yeast dough, mix flour and salt in a large bowl. Make a well in center and sprinkle yeast inside. Add sugar, slowly work in lukewarm milk. Starting from the middle of the bowl, mix dough with a hand-held mixer (kneading top) until well blended. Add egg, butter and lemon peel, blend until smooth. Cover cookie sheet with baking paper and spread dough evenly.

2 Cover with cheesecloth and let dough rise in preheated oven at 125° F for abt. 20 minutes. Meanwhile, prepare the topping: In a small pot, melt butter, add sugar and almonds, stir until blended. Remove pot from oven, stir in milk.

3 Spread almond topping carefully and evenly on yeast dough and bake in preheated oven at 350° F on middle rack for about 40 minutes or until almond crust is golden.

4 While the cake is in the oven, prepare the butter cream filling as described under „Frankfurter Kranz", recipe on page 131.

5 Remove cake with baking paper from cookie sheet, place on a cooling rack. Cut cake into equal pieces of abt. 4" x 2.5". With a sharp knife, divide each piece horizontally.

6 Spread butter cream filling evenly on bottom layer and cover with almond layer.

Ingredients:

For the yeast dough:
1 lb	all-purpose flour
1 tsp	salt
1 tblsp	active dry yeast
1/2 cup	sugar
1 cup	milk
1	egg
3 ozs.	butter
1 tsp	grated lemon peel

For the topping:
3 1/2 ozs.	butter
1 cup	sugar
1 heaped cup	almonds, sliced
3 tblsp	milk

For the butter cream filling:
2 cups	regular milk
2 ozs.	Crisco /Koffa
1/2 cup	sugar
2 ozs.	vanilla puddingpowder (for 2 1/2 cups milk)
7 ozs.	butter, at room temperature
1 cup	powdered sugar

Preparation time: abt. 1 1/2 hours

Napfkuchen

Zutaten Grundrezept:

250 g	weiche Butter/Margarine
225 g	Zucker
1 EL	Vanillezucker
1 Prise	Salz
1 TL	Rumaroma
4	Eier
500 g	Mehl
1 Tüte	Backpulver (= 4 TL)
100-150 ml	Milch

Zubereitungszeit: ca. 1 1/2 Std.

Und so wird's gemacht:

1 In einer großen Schüssel wird die weiche Butter mit dem Handmixer mit Zucker, Vanillezucker, Salz und Rumaroma schaumig gerührt. Dann kommen die vier Eier dazu, immer kräftig weiterrühren.

2 Dann vermengst du das Backpulver mit dem Mehl. Um Klümpchen im Teig zu vermeiden, siebst du das Mehl in einzelnen Portionen unter den Teig. Zwischendurch kommt immer mal ein Schuss Milch dazu, bis zum Schluss ein glatter Teig entstanden ist, der - wie Großmutter es bezeichnete - „schwer reißend vom Löffel fällt". Falls der Teig zu fest ist, kannst du noch etwas mehr Milch zugeben.

3 Eine Kastenkuchenform oder Napfkuchenform wird gut eingefettet oder mit Backpapier ausgelegt und der Kuchen im vorgeheizten Ofen (175° C, mittlere Schiene) ca. 60-70 Minuten gebacken (Stäbchenprobe machen).

4 Etwas in der Form abkühlen lassen, dann vorsichtig stürzen, und auf einem Kuchengitter vollständig auskühlen lassen.

Das Grundrezept kannst du mit wenigen weiteren Zutaten veredeln zu einem

› **Zitronenkuchen**
Dazu Saft und abgeriebene Schale einer Zitrone unter den Teig mengen und den Kuchen nach dem Erkalten mit einem Zitronenzuckerguss (Puderzucker mit ein wenig Zitronensaft verrührt) überziehen.

› **Marmorkuchen**
Dazu mischt du unter 1/3 des Teiges 3 EL Kakao, füllst zuerst den hellen Teig, dann den Schoko-Teig in die Form und ziehst mit einer Gabel spiralförmig durch den Teig, um das Marmor-Design zu erhalten. Nach dem Backen mit Puderzucker bestäuben.

› **Schokoladenkuchen**
150-200 g Schokoladenstückchen unter den Teig mischen und den Kuchen nach dem Backen mit Schokoladenkuvertüre überziehen.

› **Königskuchen**
250 g Rosinen und 50 g Zitronat unter den Teig rühren.

Pound Cake

And here's how it's done:

1. Using a hand-held mixer, beat together in a big bowl soft butter with sugar, vanilla sugar, dash salt and rum flavouring, stir until smooth. Work in eggs and stir.

2. Sift together flour and baking powder. Add to dough alternating with milk. Beat until well blended.

3. Grease or line with baking paper a loaf or bundt pan. Fill in dough and bake in preheated oven at 350° F, middle rack, for about 60-70 minutes or until a wooden pick inserted in center comes out clean.

Ingredients (basic recipe):

9 ozs.	soft butter or margarine
1 cup	sugar
1 tblsp	vanilla sugar
1 dash	salt
1 tsp	rum flavouring
4	eggs
4 cups	all-purpose flour
4 tsp	baking powder
7-10 tblsp	regular milk

Preparation time: abt. 1 1/2 hours

4. Let cool for awhile in pan, then invert cake onto a cooling rack.

Use this basic dough for the following alternatives:

› **Lemon Cake**
  Add juice and grated peel of 1 lemon to dough and coat with lemon frosting after baking (powdered sugar mixed with lemon juice).

› **Chocolate Cake**
  Add 2 cups of chocolate bits to dough, coat with chocolate frosting after baking.

› **King's Cake**
  Work in 1 cup raisins and 1/2 cup candied lemon peel.

› **Marble Cake**
  Add 3 tblsp. of cocoa under 1/3 of the dough, stir well. First spoon white dough into baking pan, then add cocoa-dough. Use a fork to swirl through the dough to create the marbled design. After baking, sprinkle with powdered sugar.

Frankfurter Kranz S. 130

Kaffee-
klatsch!

Schwarzwälder Kirschtorte S. 132

Obstkuchen in USA-Form S. 134

Sandkuchen S. 136

Baumkuchentorte S. 138

Geburtstagsschiff S. 138

Donauwellen S. 140

Fantasietorte S. 142

Frankfurter Kranz

Zutaten für 1 Kuchen:

Für den Teig:
125 g	Butter oder Margarine
4	Eier
110 g	Zucker
1 EL	abgeriebene Zitronenschale
150 g	Mehl
2 TL	Backpulver
100 g	Speisestärke

Für die Buttercreme:
500 ml	Milch
50 g	Palmin (Kokosfett)
110 g	Zucker
1 P.	Vanillepuddingpulver
200 g	Butter, zimmerwarm
120 g	Puderzucker
1 EL	Rumaroma

8 EL Aprikosenmarmelade
Haselnusskrokant zum Bestreuen
Kandierte Kirschen zur Dekoration

**Zubereitungszeit: ca. 2 Std.
(inkl. Abkühlzeit für den Pudding)**

Und so wird's gemacht:

1 In einer großen Schüssel rührst du mit einem Handmixer zunächst die Butter (oder Margarine) mit den Eiern, dem Zucker und der abgeriebenen Zitronenschale schaumig. Nach und nach gibst du gesiebtes Mehl, Backpulver und Speisestärke dazu und verrührst nun alles zu einem glatten Teig.

2 Der Teig wird in eine gefettete Kranzkuchenform gefüllt. Im vorgeheizten Ofen (200° C) ca. 30 Minuten backen und anschließend auf einem Kuchengitter auskühlen lassen.

3 In der Zwischenzeit bereitest du die Buttercreme zu. Mit 6 EL Milch verrührst du das Puddingpulver damit. Die restliche Milch erhitzt du mit Zucker und Palmin, gibst das angerührte Puddingpulver hinzu und lässt alles unter ständigem Umrühren einmal aufkochen. Etwas abkühlen lassen, dann mit einem Stück Frischhaltefolie abdecken, damit sich keine Haut bildet.

4 Wenn Pudding und Butter die gleiche Temperatur haben (wichtig, sonst gerinnt die Creme), schlägst du mit dem Handmixer die Butter mit dem Puderzucker schaumig und rührst dann nach und nach den Pudding löffelweise darunter. Zum Schluss kommt noch das Rumaroma dazu.

5 Nun schneidest du den Kuchenkranz zweimal horizontal mit einem scharfen Messer durch. Eine Schicht wird mit Buttercreme, die andere mit Aprikosenmarmelade bestrichen und der Kuchen wieder zusammen gesetzt.

6 Ringsherum wird der Kuchen ebenfalls mit Buttercreme bestrichen und von allen Seiten mit Krokant bestreut. Zum Schluss verzierst du den oberen Rand mit Buttercremetupfen, in die jeweils eine kandierte Kirsche gesetzt wird.

Frankfurt Wreath

And here's how it's done:

1 In a large bowl, whisk butter and eggs with a hand-held mixer, add sugar and grated lemon peel, stir until well blended. Gradually add sifted flour, corn starch and baking powder, beat until smooth.

2 Grease bundt pan carefully and spoon batter into pan. Bake at 400° F in preheated oven for 30 minutes or until a wooden pick inserted in center comes out clean. Invert cake onto cooling rack.

3 In the meantime, prepare the butter cream: Mix pudding powder with 6 tblsp milk, whisk well until smooth. Heat remaining milk with sugar and Crisco, stir in milk/pudding liquid, bring to a boil, stirring constantly. Remove from heat, cool for 5 minutes, then cover with plastic wrap.

4 With a hand-held mixer, beat butter and powdered sugar until frothy, add pudding spoon by spoon, add rum flavouring, stir until smooth and creamy.

5 With a sharp long knife, cut cake twice horizontally. Evenly spread a layer of butter cream on the bottom layer, cover with 2nd layer of cake, spread evenly with apricot jam and cover with remaining layer of cake.

6 Spread remaining butter cream evenly over cake. Sprinkle with hazelnut brittle and pipe butter cream dots around the top. Garnish each dot with Maraschino cherry or candy cherry.

Ingredients:

For the dough:
4 1/2 ozs.	butter or margarine
4	eggs
1/2	cup sugar
1 tblsp	grated lemon peel
1 1/4 cups	all-purpose flour
3/4 cup	corn starch
2 tsp	baking powder

For the butter cream:
2 cups	regular milk
2 ozs.	Crisco/Koffa
1/8 cup	sugar
2 ozs.	vanilla pudding powder
7 ozs.	butter, at room temperature
1 cup	powdered sugar
1 tlbsp	rum flavouring
8 tblsp	apricot jam
	hazelnut brittle
	candy cherries for decoration

Preparation time: abt. 2 hours (incl. baking time)

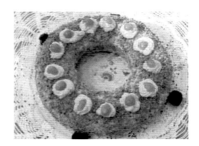

Schwarzwälder Kirschtorte

Zutaten:

1	Kakao-Biskuittorte, Fertigprodukt
350 g	(Abtropfgewicht) Sauerkirschen aus dem Glas
40 g	Speisestärke
3 EL	Rumaroma
500 ml	Schlagsahne
1 EL	Vanillezucker
100 g	Schokoladenraspeln, (oder 1 Tafel Schokolade, fein geraspelt)

Zubereitungszeit: ca. 1 Std.

Und so wird's gemacht:

1 Die Sauerkirschen in ein Sieb gießen und den Saft auffangen. Nachdem die Kirschen abgetropft sind, misst du 1/4 l von dem Saft ab und bringst ihn in einem mittelgroßen Topf zum Kochen. Von dem restlichen Saft nimmst du ca. 1/2 Glas Flüssigkeit ab, in der die Speisestärke angerührt wird.

2 Sobald der Saft im Topf kocht, nimmst du ihn von der Herdplatte und rührst die angerührte Speisestärke unter. Abgetropfte Kirschen (12 Stück zur Dekoration zurückbehalten) und 1 EL Rumaroma dazugeben. Noch einmal alles kurz aufkochen und anschließend erkalten lassen.

3 Für die Torte benötigst du drei Biskuitböden. Falls nicht schon geschehen, schneidest du den Tortenboden mit einem scharfen Messer mit langer Klinge waagerecht in drei möglichst gleich dicke Schichten.

4 Die Sahne wird mit dem Vanillezucker sehr steif geschlagen (eventuell mit „Sahnesteif"). Die eine Hälfte der Sahne wird für die Torte selbst, die andere für die Verzierung benötigt.

5 Nun zum Zusammenbau der Torte (siehe auch „Allgemeine Tipps" auf S. 24): der erste Tortenboden wird mit einen 1 EL Rumaroma beträufelt, dann mit einer Schicht Schlagsahne bestrichen. Danach kommt eine Schicht Kirschmasse und der zweite Tortenboden obendrauf. Ebenso mit der zweiten Schicht verfahren. Den Abschluss bildet der dritte Tortenboden. Die Sahne-Kirschen-Masse dabei nicht bis ganz an den Tortenrand streichen.

6 Mit der restlichen steifen Sahne bestreichst du nun die ganze Torte. Dann verzierst du alles mit den Schokoraspeln und setzt zum Schluss mit einem Spritzbeutel um den oberen Rand noch kleine Sahnetupfer, in die jeweils eine Kirsche gesetzt wird.

Frische Kirschen mit Stiel als Dekoration sind ein echter Hingucker. Alternativ kannst du auch Maraschino- oder kandierte Kirschen nehmen.

Black Forest Cherry Cake

And here's how it's done:

1 To prepare the filling, strain cherries through a colander into a bowl. Over high heat, bring 1 1/4 cup cherry juice to a boil.

2 In a glass, mix corn starch with 1/3 cup of the remaining cherry juice, blend well and stir into hot juice. Reduce heat, stirring until blended, bring to a boil. Add strained cherries (keep 12 cherries for decoration of the cake) together with 1 tblsp. rum flavouring, stir, set aside and cool.

3 With a sharp long knife, cut Angelfood Cake horizontally in 3 equal layers.

4 Beat heavy cream with vanilla sugar until peaks form. Divide whipped cream into 2 portions: one portion is for the filling, the other one for decoration.

5 Sprinkle bottom layer with 1 tblsp rum flavouring, alternate whipped cream, cherry mix, layer of Angelfood cake (sprinkled with remaining rum flavouring). Cover with 3rd layer of Angelfood cake.

6 For decoration, spread remaining whipped cream evenly over the cake, sprinkle with chocolate flakes. With a piping bag add 12 whipped cream dots around the rim of the cake, garnish with a cherry.

Ingredients:

1	ready made Angelfood Cake, chocolate, round
13 ozs.	(drain weight) Morello cherries (sour cherries), canned
1/3 cup	corn starch
3 tblsp	rum flavouring
2 cups	heavy cream
1 tblsp	vanilla sugar
4 ozs.	chocolate flakes (or one bar of chocolate, cut in flakes)

Preparation time: abt. 1 hour

Garnish with fresh cherries with stem, Maraschino cherries or candy cherries.

Obstkuchen in USA-Form

Zutaten:

Für den Teig:
450 g	Mehl
200 g	Butter
1 Tüte	Trockenhefe
110 g	Zucker
2	Eier
1 Prise	Salz

Für den Belag:
3 EL	Aprikosenmarmelade
	Diverse Früchte, z. B.: Himbeeren, Kirschen, rote Johannisbeeren, Pflaumen, Kiwis, Bananen, Pfirsiche...
1 Tüte	klarer Tortenguss
250 ml	Fruchtsaft

Zubereitungszeit: ca. 1 1/2 Std. (incl. Backzeit)

Und so wird's gemacht:

1 Aus dem Mehl und der Butter stellst du Brösel her, indem du alles miteinander mit den Händen verknetest.

2 In einer anderen Schüssel vermischt du die Hefe mit dem Zucker, den Eiern und der Prise Salz, fügst die Mehl/Butter-Brösel hinzu und verarbeitest alles zu einem festen Teig. Dieser wird auf einem Bogen Backpapier ca. 1 cm dick ausgerollt.

3 Du schneidest nun eine große Schablone - etwa in Größe des Backblechs - aus Pappe aus, legst sie auf den Teig und schneidest mit einem scharfen Messer die entsprechende Form aus. Aus den Teigresten formst du eine Rolle und legst sie ringsum als Rand.

4 Nun ziehst du das Backpapier mit dem Kuchen vorsichtig auf ein Backblech und schiebst es in den vorgeheizten Ofen (200° C, mittlere Schiene). Nach ca. 15-20 Minuten ist der Kuchen fertig. Das Backpapier wird entfernt und der Kuchen kann auf einem Kuchengitter auskühlen.

5 Dann bestreichst du ihn mit der Aprikosenmarmelade und belegst ihn fantasievoll mit den verschiedenen Früchten.

6 Zum Schluss überziehst du alles mit dem Tortenguss, den du mit dem Fruchtsaft nach Packungsanleitung herstellst.

7 Dazu gehört unbedingt mit Vanillezucker gesüßte Schlagsahne.

Dies ist ein Kuchen für alle Fälle: Wie wär's zum Beispiel mit einer Gitarre für den Musiker, einem Schlüssel zur Hauseinweihung, einer Blüte für den Gartenliebhaber, einem Auto zur bestandenen Führerscheinprüfung?

Fruit Cake in USA-Shape

And here's how it's done:

1 In a bowl, mix flour and butter, knead with hands to get crumbs.

2 In another bowl, stir together yeast with sugar, eggs and a dash salt, add flour/butter crumbs, knead until well blended. With a rolling pin, spread dough on a sheet of baking paper to 1/2" thickness.

3 Out of cardboard paper, prepare stencil with fantasy design - for example USA shape -, transfer to dough and cut out with a sharp knife. Use remaining dough to form a thin roll as edge around the fantasy design.

4 Carefully transfer to cookie sheet and bake in preheated oven at 400° F for about 20 minutes or until golden. Remove baking paper and cool on wire rack.

5 Brush cake with apricot jam, arrange fruit on cake.

6 Coat with jelly glaze prepared with the fruit juice as per instructions on package.

7 Serve with heavy whipped cream, sweetened with vanilla sugar.

Ingredients:

For the dough
1 lb	all-purpose flour
7 ozs.	butter
1 tblsp	active dry yeast
1/2 cup	sugar
2	eggs
1	dash salt

For the topping:
3 tblsp	apricot jam
	- all kinds of fruit, e. g.: raspberries, cherries, red and black currents, plums, kiwis, bananas, peaches...
1	jelly glaze
1 cup	fruit juice

Preparation time: abt. 1 1/2 hours (incl. baking time)

Alternative designs: for example a car, a key, a guitar or a flower.

Sandkuchen

Zutaten:

250 g	weiche Butter oder Margarine
225 g	Zucker
1 EL	Vanillezucker
1	Prise Salz
	abgeriebene Schale einer Zitrone
4	Eier
125 g	Weizenmehl
125 g	Speisestärke (Mondamin)
1 TL	Backpulver

Zubereitungszeit: ca. 1 1/2 Std. (inkl. Backzeit)

Und so wird's gemacht:

1 Die weiche Butter wird mit einem Handmixer oder in der Küchenmaschine schaumig geschlagen. Dann kommen Zucker, Vanillezucker, Salz und die Zitronenschale dazu.

2 Jetzt schlägst du ein Ei nach dem anderen vorsichtig in die Teigschüssel und rührst zwischendurch immer kräftig weiter. Das Mehl und die Speisestärke werden mit dem Backpulver vermischt und gesiebt zum Teig gegeben. Danach alles noch mal kräftig durchrühren, damit ein glatter Teig entsteht.

3 Den Teig in eine gefettete oder mit Backpapier ausgekleidete Kastenform füllen. Im vorgeheizten Ofen (185° C, mittlere Schiene) ca. 60-75 Minuten backen. Stäbchenprobe! (s. S. 20)

4 Ca. 10 Minuten in der Form ruhen lassen, dann den Kuchen aus der Form lösen, stürzen und auf einem Kuchengitter völlig auskühlen lassen.

Danach kann man den Sandkuchen noch mit einem Guss versehen, indem man 150 g Puderzucker mit 1-2 EL Zitronensaft zu einer dickflüssigen Masse verrührt und den Kuchen damit bestreicht.

Qin aus China (2006)

Und was ich jetzt vermisse sind die Kuchen, Muffins, Gummibärchen und alle Sachen mit Käse! Die erster 2 sachen (Kuchen und Muffins) kann man hier nicht einfach machen weil ich kein ofen habe. Die anderen kann man schon in Shanghai kaufen aber sind sie sehr, sehr teuer.

Sand Cake

And here's how it's done:

1 In a large bowl, beat soft butter with a hand held mixer until fluffy. Add sugar, vanilla sugar, salt and grated lemon peel.

2 Stir in eggs, one at a time, blend until smooth. Sieve flour with starch and baking powder, add to dough, stir at medium speed until blended.

3 Spoon dough into a greased baking pan, bake in preheated oven at 375° F for about 60-70 minutes or until a wooden pick inserted in center comes out clean.

4 Cool for about 10 minutes, loosen cake from sides of pan using a narrow metal spatula or knife, invert cake onto a cooling rack.

Ingredients:

9 ozs.	soft butter or margarine
1 cup	sugar
1 tblsp	vanilla sugar
1 dash	salt
	grated peel of one lemon
4	eggs
1 cup	wheat flour
1 cup	food starch (corn starch)
1 tsp	baking soda

Preparation time: abt. 1 1/2 hours (incl. baking time)

For frosting, stir together 1 heaped cup fine powdered sugar with 1-2 tblsp lemon juice, whisk until smooth.

Variationen für Sandkuchen

Geburtstagsschiff

1 Backe den Sandkuchen in einer Kastenform von ca. 28 cm Länge.

2 Dann schneidest du daraus gemäß Zeichnung den Schiffsrumpf, die Schiffsaufbauten und den Schornstein. Die übrigen Teile dürfen vernascht werden.

3 Die drei Teile werden aufeinander gesetzt und mit Schokoladenkuvertüre überzogen. In die noch weiche Schokolade werden die „Bullaugen" (Schokoladenplätzchen o. ä.) gedrückt und die „Matrosen" (Gummibärchen) an Deck gesetzt.

4 Aus Zahnstochern und Schaschlikspießen aus Holz sowie etwas Garn und Buntpapier bastelst du abschließend die Masten mit der Beflaggung.

Baumkuchentorte

1 Zum Grundrezept Sandkuchen fügst du noch bis zu 100 g fein gemahlene Mandeln hinzu.

2 In eine gut gefettete oder mit Backpapier ausgelegte Springform (ca. 24 cm Ø) gibst du 3 EL Teig und streichst ihn glatt.

3 Unter dem Grill des Backofens - alternativ auf der obersten Schiene bei Einstellung Oberhitze und höchster Temperatur - wird diese Schicht in 2-3 Minuten goldbraun gebacken.

4 Auf die gebackene Schicht streichst du wieder 3 EL Teig, wieder unter den Grill usw., bis der ganze Teig verbraucht ist.

5 Zum Schluss wird die Torte noch mit Schokoladenkuvertüre überzogen.

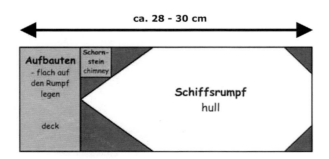

Variations of Sand Cake

Birthday Ship

1. Bake sand cake in loaf pan of about 11" length.

2. Use construction plan and cut out hull, deck building and chimney of ship. Use left over dough for nibblings.

3. Assemble above 3 parts, coat with chocolate frosting. Press sweets as „port holes" and let the „crew" of jelly figures parade on deck.

4. Out of wooden picks (tooth picks etc.), yarn and coloured paper produce masts and flags.

Tree Layer Cake

1. Add 1 cup of finely ground almonds to basic dough.

2. Grease a 10"Ø spring form (or line with baking paper). Spread 3 tblsp of dough evenly.

3. Using grill function of oven, let first layer bake on top rack for 2-3 minutes or until golden.

4. Consume remaining dough as follows: 3 tblsp of dough each layer, spread evenly and bake as described above.

5. Coat cake with chocolate frosting.

Donauwellen

Zutaten für 1 Backblech:

Für den Teig:
200 g	Butter, weich
225 g	Zucker
1 EL	Vanillezucker
1 Prise	Salz
5	Eier
2 TL	Backpulver
300 g	Mehl
1 EL	Kakaopulver
2 Gläser	Sauerkirschen (je ca. 350 g Abtropfgewicht)

Für den Belag:
800 ml	Milch
50 g	Palmin
2 P.	Vanillepuddingpulver
110 g	Zucker
170 g	Butter, weich
200 g	Schokoladen-Glasur

Zubereitungszeit: ca. 50 Minuten
(plus 2 Std. Kühlzeit)

Und so wird's gemacht:

1 Als erstes kochst du den Pudding für die Buttercreme aus Milch, Palmin, Vanillepuddingpulver und Zucker. Etwas abkühlen lassen, dann mit einem Stück Frischhaltefolie abdecken, damit sich keine Haut bildet.

2 Die Kirschen werden in einem Sieb abgetropft.

3 Nun stellst du den Teig her: Butter, Zucker, Vanillezucker und Salz mit dem Handmixer schaumig rühren. Nach und nach kommen die Eier dazu, immer kräftig weiterrühren. Zum Schluss rührst du vorsichtig das mit dem Backpulver gemischte, gesiebte Mehl unter.

4 Auf einem gut gefetteten oder mit Backpapier belegtem Backblech wird 2/3 dieser Teigmasse verteilt und glatt gestrichen. In den restlichen Teig rührst du das Kakaopulver und streichst ihn gleichmäßig auf den hellen Teig. Dann kommen die abgetropften Kirschen drauf, leicht andrücken. Im vorgeheizten Ofen (175°C, mittlere Schiene) wird der Kuchen ca. 30 Minuten gebacken.

5 Während der Kuchen im Ofen ist, stellst du die Buttercreme her aus zimmerwarmer Butter und dem mittlerweile abgekühlten Pudding. Wie man das macht, wird im Rezept Frankfurter Kranz (S. 130) beschrieben.

6 Wenn der Kuchen auf dem Blech abgekühlt ist, bestreichst du ihn mit der Buttercreme mit einem Messer mit langer, glatter Klinge und stellst ihn dann für mindestens 2 Stunden kalt.

7 Erst danach bereitest du die Schokoladenglasur nach Packungsanleitung zu und überziehst damit zum Schluss den Kuchen.

Danube Waves

And here's how it's done:

1 To prepare the butter cream, cook vanilla pudding with milk, crisco, pudding powder and sugar, according to package instructions. Remove from heat, cool for 5 minutes, then cover with plastic wrap.

2 To prepare the dough, beat together butter, sugar, vanilla sugar, dash of salt with a mixer, stir well. Add eggs one at a time, stir constantly, finally add sieved flour together with baking powder, stir well.

3 Spread 2/3 of the dough on a greased cookie sheet (or cover it with baking paper), level with a spatula.

4 Add cocoa to the remaining dough, beat until blended and spread evenly on the light dough. Drain cherries in a colander, transfer to dough, spread evenly. Bake in preheated oven at 350°F on middle rack for about 30 minutes. Remove from oven and set aside to cool.

5 While cake is in the oven, continue preparing the butter cream: Pudding and butter must have same (room) temperature to prevent the cream from clotting. Whisk butter until frothy, add pudding one spoon-load at a time, stir until smooth.

6 Spread butter cream evenly on the cold cake and chill for at least 2 hours.

7 Finally coat with frosting prepared according to package instructions.

Ingredients:

For the dough:
7 ozs.	butter, soft
1 cup	sugar
1 tblsp	vanilla sugar
1 dash	salt
5	eggs
2 1/3 cups	all-purpose flour
2 tsp	baking powder
1 tblsp	cocoa
2 glasses	Morello (sour) cherries (each abt. 13 ozs. drain weight)

For the butter cream:
3 cups	milk
2 ozs.	crisco/koffa
4 ozs.	vanilla pudding powder
1/2 cup	sugar
6 ozs.	butter
7 ozs.	chocolate frosting/glaze

Preparation time: abt. 1 1/2 hours (incl. baking time)

Fantasietorte

Zutaten für 1 Torte:

1   Bisquittorte, 3 Böden
    (Fertigprodukt)
    Marmelade
Zum Bestreichen:
    Marshmellow Fluff oder
    Schlagsahne oder
    Schokoladenkuvertüre
Für Landschaft, Wasser, Rasen etc:
    Klarer Tortenguss oder
    Kokosraspeln, gefärbt mit
    Lebensmittelfarbe
Zum Verzieren:
    Smarties, Gummibärchen,
    Fruchtgummi-Fantasietiere
    Glücksschweine
    Zuckerguss
    Marzipanmasse

Zubereitungszeit: ca. 1 Stunde

Und so wird's gemacht:

1 Eigentlich gibt es für Fantasietorten keine Anleitung, denn jeder soll selbst seiner Kreativität freien Lauf lassen. Wir haben es mit unserer Fantasietorte so gemacht:

2 Den ersten Boden haben wir dick mit Marmelade bestrichen, dann den zweiten Boden draufgelegt.

3 Aus dem dritten Boden wurde die „Insel", der „Schiffsrumpf" und die Umrandung geschnitzt und auf dem obersten Boden angeordnet.

4 Dann wurde der Tortenguss nach Anweisung hergestellt, durch Zugabe blauer Lebensmittelfarbe wurde daraus der Ozean, auf dem das Schiff mit Papiersegel und Gummibärchen-matrosen und die Krokodile schwimmen. Ein großes Gummibärchen liegt auf einem Marzipanliegestuhl.

5 Auf der Umrandung sind Smarties mit Marshmellow-Fluff angeklebt, an den Außenrändern haben wir die Glücksschweine mit Zuckerguss (Puderzucker mit etwas Zitronensaft verrührt) befestigt.

Dies ist nur eine von ganz vielen Möglichkeiten, wie man – in unserem Fall für die Taufparty von Carlotta (siehe Name des Segelschiffes) – mit einer selbstgemachten Torte richtig Eindruck schinden kann.

Tischdekorationen
Das Auge isst mit!

Als <u>Tischplatzkarten</u> eignen sich Steine, Muscheln und getrocknete oder künstliche Blätter hervorragend. Oder wie wär's mit einer Seerose oder anderen Blüte, in die man einen Streifen Papier mit dem Namen legt?

<u>Serviettenringe</u> mal anders:

für den maritimen Look: eine blaue Serviette mit Tampen und Muschel

für ein kleines feines Essen: eine edle Stoffserviette mit Krepprosen und Efeu

für den Erntedank/ Thanksgiving-Tisch: eine Sonnenblume

für den Festschmaus zu Weihnachten: eine Weihnachtsserviette mit Tannenzweig, roter Kugel und Seidenschleife

Die <u>Efeu-Girlande</u> zum universellen Einsatz: als Tischdeko, als Türschmuck, als Geschenkverpackung oder...

Dazu verwendest du entweder einen echten Efeuzweig oder eine künstliche Ranke. Die Kreppröschen sind schnell gedreht: du faltest ein Stück Krepppapier (ca. 40 cm lang, 3-5 cm breit) mittig der Länge nach und rollst es auf. Dabei immer mal das Papier umknicken, um die Blätter darzustellen. Das untere Ende mit Blumendraht fest zusammendrehen.

Frühstücksbrötchen S.146

Der Duft von frischem Brot...

Partysonne S. 148

Schwarzbrot S. 150

Stockbrot S. 152

Frühstücksbrötchen

Zutaten für 12 Brötchen (Schrippen):

450 g	Weizenmehl
1 Tüte	Instant-Hefe
1/2 TL	Salz
1 EL	Zucker
2	Eier
100 ml	lauwarme Milch
30 g	Butter

Zubereitungszeit: ca. 1 1/2 Stunden

Und so wird's gemacht:

1 Nach dem Grundrezept Hefeteig aus unserer Kochschule (s. S. 19) bereitest du aus den obigen Zutaten einen Hefeteig.

2 Nachdem alles zunächst mit dem Knethaken des Handmixers oder der Küchenmaschine verarbeitet worden ist, knetest du alles mit bemehlten Händen zu einem glatten Teig, der - mit einem sauberen Küchentuch abgedeckt - ca. 15 Minuten gehen muss.

3 Mit bemehlten Händen knetest du den Teig dann noch mal kräftig durch (*), formst eine Rolle und schneidest davon ca. 12 gleich große Stücke ab, die du rund oder länglich formst und auf ein mit Backpapier ausgelegtes Backblech legst. An einem warmen Ort müssen die Brötchen nochmals ca. 30 Minuten ruhen.

4 Vor dem Backen bepinselst du die Brötchen mit etwas Wasser (**) und schneidest dann mit einem scharfen Messer längs eine Ritze in die Oberfläche.

5 Im vorgeheizten Ofen werden die Brötchen zunächst bei 200°C (mittlere Schiene) für 10 Minuten gebacken, dann wird die Hitze auf 175° reduziert. Nach weiteren 15-20 Minuten sind die Brötchen dann goldgelb und fertig.

* *Für Rosinenbrötchen fügst du noch 2 EL Zucker und eine Tasse Rosinen unter den Teig.*

** *Nach dem Einpinseln mit Wasser kannst du Sonnenblumenkerne, Leinsamen, Mohn oder Sesam auf die Brötchen streuen und etwas festdrücken.*

Das Herstellen der Frühstücksbrötchen VOR dem Frühstück würde natürlich sehr frühes Aufstehen bedeuten, daher unser Tipp: backe die Brötchen am Abend vorher, allerdings nur 10 - 12 Minuten bei 200° C. Am nächsten Morgen kommen die Brötchen dann nur noch mal kurz in den vorgeheizten 200° C heißen Ofen, so dass sie nach gut 15-20 Minuten herrlich duftend zum Frühstück serviert werden können. So fängt der Tag gut an!

Breakfast Buns

And here's how it's done:

1 To prepare the yeast dough, mix flour, salt and sugar in a large bowl. Make a well in center of mixture, sprinkle yeast inside and add lukewarm milk and butter. Starting from the middle mix the dough with a hand held mixer (kneading top) until well blended.

2 Cover with cheesecloth, keep warm and let dough rise for about 15 minutes.

3 Flour hands, knead dough with your hands (*), form a roll and divide into about 12 equal pieces. Shape each piece round or oblong, place on cookie sheet covered with baking paper, keep warm and let rise for another 30 minutes.

4 Brush with a bit water (**), cut a slit in top of each bun to allow steam to escape.

5 Bake in preheated oven at 400°F for 10 minutes, then reduce heat to 350°F and bake for another 15 - 20 minutes or until golden.

Ingredients for 12 buns:

1 lb	wheat flour
1 tblsp	active dry yest
1/2 tsp	salt
1 tblsp	sugar
2	eggs
7 tblsp	lukewarm milk
2 oz	butter

Preparation time: about 1 ½ hours

For raisin buns add 2 extra tblsp. sugar and 1 cup raisins to the dough.

**Optional: After brushing the buns with water, sprinkle sesame, linseed, sunflower seeds or poppy seeds over top.*

Nothing beats fresh buns from the oven in the morning and the smell that goes with it, but in view of the preparation time prepare them the evening before, however, pre-bake just for 10 - 12 minutes at 400° F. Next morning - just before breakfast - place them in preheated oven at 400° F and finish them in just 15 - 20 minutes.

Partysonne

Zutaten:

450 g	Weizenmehl
450 g	Weizenschrot
2	Päckchen Instant Hefe
1 EL	Salz
600 ml	lauwarme Milch
125 ml	Öl
	Mehl zum Bestäuben

Zum Bestreuen:
Sonnenblumenkerne, Leinsamen, Sesamsaat, Mohn

Zubereitungszeit: ca. 1 3/4 Std. (inkl. Ruhezeit)

Und so wird's gemacht:

1 Nach dem Grundrezept für Hefeteig aus unserer Kochschule (s. S. 19) mischt du Weizenmehl und Weizenschrot mit der Trockenhefe und dem Salz in einer großen Arbeitsschüssel. In die Mitte drückst du eine Vertiefung, in die du die lauwarme Milch und das Öl gießt. Alles von der Mitte aus mit dem Handmixer (Knethaken) gut durchrühren, mit einem Küchentuch abdecken und im ca. 50° C warmen Ofen 30 Minuten gehen lassen.

2 Anschließend wird der Teig auf einer bemehlten Arbeitsfläche gut durchgeknetet.

3 Nun formst du ca. 24 kleine runde Brötchen, die du auf einem mit Backpapier ausgelegten Backblech, dicht aneinander gesetzt, zu einem großen Kreis - zur „Partysonne" - anordnest.

4 Mit etwas kaltem Wasser bepinseln und dann - wie auf der Abbildung gezeigt - unterschiedlich mit Sonnenblumenkernen, Leinsamen, Sesam oder Mohn bestreuen. Im vorgeheizten Ofen (200° C, 2. Schiene von unten) ca. 30-35 Minuten backen.

Saskia (Finnland 2006)

Mir ist es erst aufgefallen als meine richtigen Eltern und meine Schwester mich in Finnland besucht haben. Ich hatte den Tisch gedeckt mit allem was man braucht, ich fand, dass gar nichts fehlte. Meine Mutter und meine Schwester fragten beide nach Messern. Und ich antwortete nur: „Warum denn noch Messer? Da ist doch eins für die Butter!" Ich habe selbst nicht bemerkt, dass in Deutschland jeder ein Messer beim Essen von Brot oder ähnlichem bekommt. In Finnland gab es nur eins für die Butter und für mich war das selbstverständlich!

Bread „Sun"

And here's how it's done:

1 In a large bowl, stir together flour, shredded wheat and salt. Form a well in center, add yeast together with lukewarm milk and oil. Starting from the middle mix dough with a hand-held mixer (kneading top) until well blended. Cover with cheese cloth and let dough rise in preheated oven at 125° F for about 30 minutes.

2 On a floured working top, knead dough well with your hands .

3 Form about 24 small round buns, place them on a cookie sheet covered with baking paper, arranging a big round "sun" leaving no interval between each bun.

4 Brush with a bit cold water and sprinkle each bun alternating with sunflower seed, linseed, sesame and poppy seed - as shown on the picture. Bake in preheated oven at 375°F, second rack from bottom, for 30 - 35 minutes or until golden.

Ingredients:

1 lb	wheat flour
1 lb	shredded wheat
1 tblsp	salt
2 tblsp	active dry yeast
3 cups	luke warm milk
8 tblsp	oil
	some extra flour

<u>For the topping:</u>
sunflower seed, linseed, sesame and poppy seed

Preparation time: about 1 3/4 hours

Schwarzbrot

Zutaten für 1 Brot:

500 ml	Buttermilch
100 g	Rübenkraut oder Honig
1 1/2	Päckchen Instant Hefe (= 1 1/2 EL)
150 g	Weizenschrot
150 g	Roggenschrot
225 g	Vollkornweizenmehl
50 g	Roggenmehl
125 g	Sonnenblumenkerne
60 g	Leinsamen
60 g	Sesam
1 Tl	Salz

Zubereitungszeit: ca. 3 1/2 Std.

Und so wird's gemacht:

1 Als erstes erwärmst du die Buttermilch in einem großen Topf mit dem Rübenkraut (oder Honig) und löst darin die Hefe auf. **Achtung:** Der Topf muss wirklich groß sein, denn in dem Augenblick, wo die Hefe zur warmen Buttermilch kommt, brodelt die Flüssigkeit hoch.

2 Dann vermischt du in einer großen Schüssel Roggen- und Weizenschrot, Mehl, Leinsamen, Sesam, Sonnenblumenkerne und Salz. In die Mitte drückst du eine Mulde und gibst die warme Buttermilchmischung dazu. Dann wird alles von der Mitte aus gut durchgerührt (mit dem Handmixer mit Knetaufsatz), bis ein glatter Teig entstanden ist.

3 Dieser wird in eine mit Backpapier ausgelegte Kastenform (ca. 24 x 10 cm) gefüllt und im vorgeheizten Ofen (160° C) auf der mittleren Schiene ca. drei Stunden gebacken. Nach zwei Stunden solltest du ein Stück Alu-Folie auf das Brot legen, damit die obere Schicht nicht zu dunkel wird.

4 Nach Backende stürzt du das Brot auf ein Kuchengitter und lässt es auskühlen. Eingewickelt in ein sauberes Küchentuch muss das Brot ca. 24 Stunden trocknen, ehe man es richtig schneiden kann.

Sarita aus Norwegen (2006)

Die Essgewohnheiten in Deutschland waren eigentlich nicht so unterschiedlich von den hier in Norwegen. Aber ich hab gemerkt, dass die deutschen eher Nudeln essen als Kartoffeln. Hier in Norwegen haben wir fast nie Nudeln, aber fast immer verschiedene sorten Kartoffeln. Und in Norwegen essen wir (die Familien die ich kenne zumindestens) häufiger Fisch. Sonst finde ich Schwarzbrot sehr lustig. Sowas gibts hier nicht!

Dark („Black") Bread

And here's how it's done:

1 In a big pot, heat buttermilk and molasses (or honey) until melted, add yeast, stir until dissolved. Watch out for the warm buttermilk-mix which will rise the moment you add the yeast.

2 In a large bowl, stir together shredded wheat and rye, flour, seeds and salt. Form a well in center and add buttermilk-mix. With a hand-held mixer (kneading top) start stirring from the middle, blend until smooth.

3 Line a baking dish (abt. 10"x 4") with baking paper, add bread dough and bake in preheated oven at 325°F on middle rack for 3 hours. After 2 hours cover with aluminum foil to prevent top from getting too dark.

4 Cool on wire rack, cover with clean cheese cloth and set aside for about 24 hours before slicing the bread loaf.

Ingredients for 1 loaf:

2	cups	buttermilk
1/2	cup	molasses or honey
1 1/2	tblsp	active dry yeast
3/4	cup	shredded wheat
3/4	cup	shredded rye
1 1/2	cups	whole grain wheat flour
1/2	cup	whole grain rye flour
1	cup	sunflower seeds
1/3	cup	linseeds
1/2	cup	sesame seeds
1	tsp	salt

Preparation time: abt. 3 1/2 hours

Stockbrot

Zutaten für 4 Personen:

450 g	Mehl
1 Tüte	Trockenhefe
2 TL	Salz
2 EL	Öl
200 ml	Wasser, lauwarm
1 TL	italienische Kräuter oder Brotgewürz (Fertigprodukt oder selbst gemischt aus Fenchelsaat, Kümmel und gemahlenem Knoblauch)

Zubereitungszeit: ca. 30 Minuten

Und so wird's gemacht:

1 Aus den Zutaten wird ein Hefeteig (wie in der „Kochschule" auf S. 19 beschrieben) hergestellt.

2 Für ca. 20 Minuten an einem warmen Ort gehen lassen, bis der Teig sich verdoppelt hat.

3 Danach wird der Teig portionsweise dünn um lange Holzstöcke gewickelt und über die Glut gehalten. Dabei ständig drehen, bis das Stockbrot knusprig braun ist (Achtung: nicht verkohlen lassen - das ist nicht gut für die Gesundheit).

Bread on the stick

Ingredients for 4 persons:

1 lb	all-purpose flour
1 tblsp	active dry yeast
2 tsp	salt
2 tblsp	oil
3/4 cup	water, lukewarm
1 tsp	Italian herbes or bread seasoning (if not available, mix it yourself with fennel, caraway seed and ground garlic)

Preparation time: abt. 30 minutes

And here's how it's done:

1 Prepare a yeast dough out of above ingredients (as described for example under „onion cake" p. 73).

2 Let rise for about 20 minutes until volume has doubled.

3 Twist dough thinly around long wooden sticks and bake bread over glowing fire, turning constantly, until crispy (not black).

Lennart aus Deutschland (Freiwilligendienst EVS) und Ginanda aus Malaysia (Schüleraustausch) brutzeln knuspriges Stockbrot im Garten der Gastfamilie in Schweden.

Und jetzt noch ein Rezept, mit dem du bei deinem Gasthund punkten kannst:

Leberbrot für Hunde

Zutaten für 1 Brot:

450 g	Rinderleber
450 g	Mehl
5	Eier
5 EL	Öl
1 Prise	Salz

Zubereitungszeit: ca. 75 Minuten

Und so wird's gemacht:

1 Die Rinderleber wird in kleine Stücke geschnitten, mit Mehl, Eiern, Öl und Salz zu einem Teig verarbeitet und in einer gut gefetteten oder mit Backpapier ausgelegten Kastenform im vorgeheizten Ofen bei 180° C ca. 45 Minuten gebacken.

2 Danach auf einem Kuchengitter auskühlen lassen, in Scheiben schneiden und portionsweise einfrieren.

Bei diesem Leckerbissen handelt es sich nur um eine Belohnung. Das Leberbrot ist nicht geeignet, um die normalen Mahlzeiten des Hundes zu ersetzen!

How to make friends with your guest dog? Try self made

Liver Bread for dogs

Ingredients for 1 loaf:

1 lb	fresh liver (beef)
1 lb	all purpose flour
5	eggs
5	tblsp vegetable oil
1	dash salt

Preparation time: abt. 75 minutes

And here's how it's done:

1 With a sharp knife, cut liver into tiny pieces. In a bowl, combine liver, flour, eggs, oil and salt, stir until well blended. Spoon dough into a greased baking pan (or lined with baking paper), bake in preheated oven at 350°F for about 45 minutes.

2 Invert bread onto a cooling rack and set aside. Slice bread, wrap portionwise and freeze.

This delicacy should be used just as a treat and should not replace the normal meals of the dog!

Es weihnachtet sehr...

Frankfurter Bethmännchen
S. 156

Königsberger Marzipankonfekt
S. 158

Elisenlebkuchen
S. 160

Vanillekipferl
S. 162

Kardamomkugeln
S. 164

Butterplätzchen
S. 166

Dresdner Christstollen
S. 168

Lebkuchenhaus
S. 170

Lebkuchenherzen / Christbaumschmuck S. 175

Frankfurter Bethmännchen

Zutaten für ca. 40 Stück:

Für den Teig:
200 g   Marzipanrohmasse
75 g   Puderzucker
30 g   Mehl
60 g   gemahlene Mandeln
1   Eiweiß
Für die Deko:
110 g   Mandeln
1   Eigelb

Zubereitungszeit: ca. 1 Std.

Und so wird's gemacht:

1 Als erstes solltest du die 110 g Mandeln für die Dekoration enthäuten. Dazu werden sie mit kochendem Wasser überbrüht, ca. 10 Minuten stehen gelassen und dann abgegossen. Danach lassen sich die Mandelkerne ganz einfach aus der Haut drücken.

2 Aus Marzipanrohmasse, Puderzucker, Mehl, gemahlenen Mandeln und dem Eiweiß stellst du dann einen Knetteig her (Handmixer mit Knethaken). Hieraus werden kleine Kugeln von ca. 2 cm Ø geformt und auf ein mit Backpapier belegtes Backblech gesetzt.

3 Das Eigelb schlägst du mit einer Gabel kurz auf und bestreichst damit jede Kugel.

4 Die Mandeln teilst du in Hälften und drückst nun an die Ränder jeder Teigkugel 3 Mandelhälften.

5 Im vorgeheizten Backofen (180° C, mittlere Schiene) werden die Bethmännchen ca. 10 Min. gebacken, bis sie goldgelb sind.

Info:
Der Name „Frankfurter Bethmännchen" ist zurückzuführen auf die Frankfurter Bankiersfamilie Bethmann, deren Koch das damals sehr beliebte Marzipan, das nur als Stück serviert wurde, umwandelte in diese kleinen Kekse. Jede der an den Rand gedrückten Mandelhälften stand symbolisch für einen der vier Söhne der Familie Bethmann. Da ein Sohn früh verstarb, wurden nur noch drei Mandelhälften verwendet.

Kathrin (Polen 2007)
Weihnachten in Polen – das bedeutet 12 Gerichte, die für die 12 Apostel stehen, aber auch tagelanges Resteessen, da sich der Weihnachtstisch unter den reichlichen Mahlzeiten zu biegen beginnt. Schon Tage vorher haben meine Gastmutter, meine Gastschwester und ich in der Küche gestanden und all die Leckereien vorbereitet.

Frankfurter Bethmännchen (Marzipan Cookies)

And here's how it's done:

1 To peel the almonds (for the decoration), cover them with boiling water, let soak for abt. 10 minutes, drain, then squeeze almond pit out of skin.

2 To prepare the dough, stir together marzipan candy dough, powdered sugar, flour, ground almonds and egg white. Knead with hand-held mixer until smooth. Form small balls of 1" Ø and place on cookie sheet lined with baking paper.

3 Brush each ball with beaten egg yolk.

4 Then press around the sides of each dough ball 3 almond halves thus forming a little peak on top of dough balls.

5 Bake in preheated oven at 350° F for 10 minutes or until golden.

Ingredients for abt. 40 pcs.:

For the dough:
7 ozs.   Marzipan candy dough
3/4 cup   powdered sugar
1/4 cup   all-purpose flour
1/2 cup   ground almonds
1   egg white
For decoration:
4 ozs.   almonds
1 egg   yolk

Preparation time: about 1 hour

Info:
The name of these cookies originates from an old banker's family in Frankfurt, named Bethmann. Their cook wanted to pep up the normal plain marzipan dish by adding some more ingredients. The three almond halves represent the three little sons (the Bethmännchen) of the Bethmann Family.

Porawit aus Thailand (2007)

Zum ersten mal habe ich Weihnachten gefeiert. Ich habe Weihnachtsevangelium gelesen, bekam viele Geschenke. Zum essen hatten wir gebratene Hase. Oh, arme Hase...

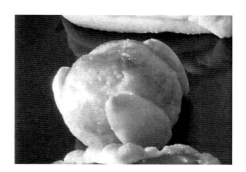

Königsberger Marzipankonfekt

Zutaten für 1 Backblech:

200 g Marzipan-Rohmasse
85 g Puderzucker
1-2 Eiweiß
   Schokoladen-Glasur oder
   Zuckerguss
   Kandierte Früchte

Zubereitungszeit: ca. 1 - 1 1/2 Std.

Und so wird's gemacht:

1 Das Marzipan wird auf einem großen Brett oder auf der Arbeitsfläche auseinander gedrückt, der gesiebte Puderzucker darauf verteilt und dann kräftig verknetet.

2 Mit einem Nudelholz rollst du die Masse dann ca. 1 cm dick aus (dazu empfiehlt es sich, ein Stück Frischhaltefolie auf die Marzipanmasse zu legen, um dann mit dem Nudelholz den Teig glatt zu rollen - sonst klebt die Marzipanmasse gern am Nudelholz fest).

3 Jetzt fängt der kreative Teil an: aus der Masse kannst du einfache Formen ausschneiden oder ausstechen, wie zum Beispiel Kreise und Herzen. In die Mitte jeder Form drückst du eine kleine Mulde, verzierst den Rand mit einer Gabel und bestreichst jedes Teil mit verquirltem Eiweiß. Oder du formst kleine Marzipanteile, zum Beispiel Buchstaben, und bestreichst sie dann ebenfalls mit verquirltem Eiweiß.

4 Jedes Teil setzt du auf ein mit Backpapier belegtes Blech und bräunst das Konfekt ca. 3-4 Minuten im vorgeheizten, sehr heißen Ofen (250° C oder Grillfunktion).

5 Kurz abkühlen lassen. Dann kannst du das Konfekt noch verzieren, indem du bei den Herz- und Kreisformen entweder warme Schokoladenglasur oder Zuckerguss (siehe Elisen-Plätzchen Seite 160) in die Mitte gibst und mit kandierten Früchten belegst.

Zugegeben, dieses Rezept verlangt vollen Einsatz, aber das Ergebnis ist sehenswert und vor allem „finger-licking good"!

Marzipan Candy à la Königsberg

And here's how it's done:

1 On a large cutting board or on the working top, spread marzipan candy dough, work in sieved powdered sugar, knead until smooth.

2 With a rolling pin spread the dough and roll out until 1/2" thick (cover dough with a sheet of plastic wrap to prevent the dough from sticking to the rolling pin).

3 Cut or form circles, hearts or other shapes out of the dough. Press a small well in center and brush with beaten egg white. Alternatively, form small parts out of the dough, for example letters, press with fork and brush with egg white.

4 Place candy pieces on a cookie sheet covered with baking paper, brown in preheated oven at 475° F for 3- 4 minutes.

5 Remove from oven, cool and decorate by pouring frosting in middle of circle or heart-shaped pieces. See Eliza's Gingerbread (page 161). When cold, garnish with candied fruit. Or leave baked candy as it is (without any frosting).

Ingredients for 1 cookie sheet:

7 ozs.	Marzipan candy dough
3/4 cup	powdered sugar
1-2	egg whites
	frosting (chocolate or lemon)
	candied fruit

Preparation time: abt. 1 - 1 1/2 hours

This recipe requires quite some effort, but the result is worth it and above all, the marzipan candy is „finger-licking good"!

Elisenlebkuchen

Zutaten für 24 Stück:

Für den Teig:
2	Eiweiß
1 Prise	Salz
75 g	geriebene Mandeln
75 g	geriebene Nüsse
150 g	Puderzucker
25 g	Zitronat, klein gewürfelt
25 g	Orangeat, klein gewürfelt
60 g	Mehl
1 EL	Vanillezucker
1 TL	Backpulver
24	Backoblaten 5 cm Ø

Für die Glasur:
250 g	Puderzucker
1 EL	Zitronensaft
	ganze geschälte Mandeln
	kandierte Früchte

Zubereitungszeit: ca. 2 1/2 Std.

Und so wird's gemacht:

1 Zunächst musst du das Eiweiß ganz steif schlagen. Das geht am besten mit den Quirlen des Handrührers. Füge ca. 1 EL kaltes Wasser und eine Prise Salz hinzu, dadurch wird die Konsistenz des Eiweißes noch fester.

2 Nun mengst du die übrigen Zutaten unter das steife Eiweiß, bis ein fester Teig entstanden ist.

3 Dann setzt du mit zwei Teelöffeln auf jede Backoblate einen Klecks Teig und verstreichst ihn bis zum Rand. Auf einem Backblech lässt du die Elisenlebkuchen im vorgeheizten Backofen (160-170° C, mittlere Schiene) ca. 20 Minuten lang backen. Dann kommen sie zum Auskühlen auf ein Kuchengitter.

4 In der Zwischenzeit stellst du die Glasur her. Einfach Puderzucker mit Zitronensaft und wenig Wasser zu einer glatten Masse verrühren. Die Flüssigkeit teelöffelweise hinzugeben, sonst wird die Glasur schnell zu weich. Diese wird dann mit einem Pinsel auf die erkalteten Elisenlebkuchen gestrichen. Alternativ kannst du auch Schokoladenkuvertüre nehmen, die du nach Anweisung verwendest.

5 Zum Schluss drückst du als Dekoration Mandelhälften und Streifen von kandierten Früchten in den noch weichen Guss.

Bei der Dekoration der Elisenlebkuchen kannst du deiner Kreativität freien Lauf lassen. Je unterschiedlicher die Verzierungen sind, desto schöner sieht der Weihnachtsteller aus.

Lennart (Italien 2005)

Mir fehlten in der Vorweihnachtszeit vor allem die Weihnachtsdekoration im Haus, Kerzenschein und Plätzchenduft - genauso ging es den skandinavischen Mädchen in meinem Komitee. Die Gastschüler aus Lateinamerika und Asien konnten das nicht so richtig verstehen. Vorher war mir nie bewusst, dass die Adventszeit mit so vielen Emotionen verbunden ist.

Elisenlebkuchen (Eliza's Gingerbread)

And here's how it's done:

1 In a large bowl using a hand-held mixer, beat egg whites with 1 tblsp cold water and a dash salt until very stiff.

2 Carefully work in remaining ingredients, stir until well blended.

3 Using 2 teaspoons, place dots of dough on eatable rice paper, level with a knife. Place on cookie sheet and bake in preheated oven, middle rack, at 325° F for about 20 minutes. Cool on wire rack.

4 To prepare the frosting, stir powdered sugar with lemon juice and abt. 2 tblsp cold water until smooth. Coat each cookie with frosting and decorate with almonds or candied fruit.

Ingredients for 24 pieces:

For the dough:
2	egg whites
1 dash	salt
1 cup	finely ground almonds
1 cup	finely ground nuts
1 1/4 cups	powdered sugar
1/3 cup	mixed candied peel (1/2 lemon, 1/2 orange)
1/2 cup	all-purpose flour
1 tblsp	vanilla sugar
1 tsp	baking powder
24 pcs	eatable rice paper 2" Ø

For the frosting:
2 cups	powdered sugar
1 tblsp	lemon juice
	peeled almonds and nuts
	candied fruit

Preparation time: abt. 2 1/2 hours

As far as the decoration for these cookies is concerned - let your fantasy run wild! The more variations you create, the nicer your Xmas-plate will look.

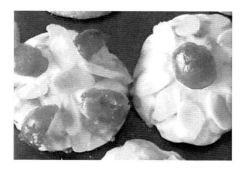

Vanillekipferl

Zutaten für ca. 60 Stück:

125g	weiche Butter
150 g	Mehl
75 g	Zucker
75 g	geriebene Mandeln
2	Eigelbe
4 EL	Vanillezucker

Zubereitungszeit: ca. 2 Stunden (incl Kühl- und Backzeit)

Und so wird's gemacht:

1 In einer großen Schüssel rührst du zunächst die Butter schaumig, dann kommen Mehl, Zucker, geriebene Mandeln und die Eigelbe hinzu. Alles mit dem Handmixer (Knethaken-Aufsatz) zu einem Knetteig verarbeiten. Mit bemehlten Händen formst du aus dem Teig vier gleich lange Rollen, wickelst sie in Frischhaltefolie und stellst sie für ca. 1 Stunde in den Kühlschrank.

2 Danach schneidest du die Teigrollen in jeweils 15 gleiche Scheiben und formst jede Scheibe zu einem Hörnchen (Kipferl). Auf ein mit Backpapier belegtes oder gut gefettetes Backblech legen.

3 Die Kipferln werden im vorgeheizten Backofen (175 ° C, mittlere Schiene) ca. 12-15 Minuten goldgelb gebacken.

4 Vorsichtig vom Backblech nehmen, sofort im Vanillezucker wälzen und leicht andrücken. Auf einem Kuchengitter auskühlen lassen und bis zum Verzehr in einer Dose aufbewahren.

Tobias (Finnland 2001)
Wie in wohl fast jeder finnischen Familie kam auch bei uns zu Heiligabend der berühmte Weihnachtsschinken, joulukinkku, auf den Tisch – wirklich sehr lecker, hat mir gut geschmeckt. Auch am ersten Weihnachtstag gab es joulukinkku, wobei alle Familienmitglieder sich gegenseitig versicherten, dass der Braten doch wieder absolut lecker sei. Am zweiten Weihnachtstag gab es natürlich Reste vom Weihnachtsschinken, sooo lecker, wie alle wieder und wieder befanden! Klar, dass von solch einem großen Stück Fleisch auch am vierten Tag noch etwas übrig war – übrigens, soooo lecker! – und zum Glück gab es auch am fünften und sechsten Tag für jeden noch ein kleines Stück joulukinkku, der dann aber zum allgemeinen Bedauern wirklich ratzeputz aufgegessen war – also, so was von lecker!

Vanilla-Kipferl (half-moon-shaped vanilla cookies)

And here's how it's done:

1 In a large bowl, beat butter until fluffy, work in flour, sugar, ground almonds and egg yolks. Stir with a hand-held mixer (kneading top) until you have a smooth ball of dough. Coat hands with flour, form 4 equal rolls out of the dough, cover with plastic wrap and chill in the fridge for about 1 hour.

2 Cut each roll in 15 equal slices and form half-moon-shaped cookies. Coat cookie sheet with baking spray or cover with baking paper, place cookies on cookie sheet.

3 Bake in preheated oven at 350° F (middle rack) for abt. 12-15 minutes or until golden.

4 Remove from cookie sheet, coat with vanilla sugar and press lightly. Cool on wire rack and store in air-tight container.

Ingredients for abt. 60 pcs.:

4 1/2 ozs.	butter, soft
1 1/4 cups	all-purpose flour
1/3 cup	sugar
1 cup	almonds, finely ground
2	egg yolks
4 tblsp	vanilla sugar

Preparation time: about 2 hours (incl. chilling and baking time)

Kardamomkugeln

Zutaten für ca. 40 Stück:

140 g   Butter, weich
60 g   Puderzucker
1 Prise Salz
1   Eigelb
150 g   Mehl
3 EL   Speisestärke
1 EL   Kardamom (Pulver)
3-4 EL Puderzucker zum
        Bestäuben

Zubereitungszeit: ca. 2 Stunden (incl. Kühlzeit)

Und so wird's gemacht:

1 Die weiche Butter wird mit dem Puderzucker und einer Prise Salz mit dem Handmixer ca. 5 Minuten lang schaumig geschlagen. Dann wird das Eigelb untergerührt und zum Schluss kommen Mehl, Speisestärke und das Kardamompulver hinzu (Knetaufsatz des Handmixers verwenden).

2 Mit bemehlten Händen formst du den Teig zu 2 Rollen, wickelst sie in Frischhaltefolie ein und legst sie für ca. 1 Stunde in den Kühlschrank.

3 Dann werden die Rollen gleichmäßig in jeweils 20 Scheiben geschnitten. Aus jeder Scheibe formst du eine Kugel.

4 Auf dem mit Backpapier ausgelegten Backblech werden die Kardamomkugeln jetzt im vorgeheizten Backofen (180° C, mittlere Schiene) ca. 12-15 Minuten hellgelb gebacken.

5 Puderzucker in ein Sieb geben und die noch warmen Kugeln damit bestäuben, bevor sie zum Auskühlen auf ein Kuchengitter gesetzt werden. In einer luftdichten Dose aufbewahren.

Du kannst den Puderzucker zum Bestäuben auch noch mit einem Teelöffel Kakaopulver vermischen.

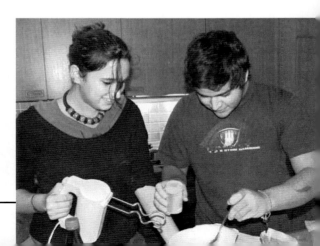

Cardamom Balls

And here's how it's done:

1 In a large bowl and with a hand-held mixer, stir together soft butter, powdered sugar and a dash of salt, beat for about 5 minutes or until well blended. Add egg yolk, flour, corn starch and cardamom, knead until well blended.

2 Flour hands and form 2 equal rolls out of the dough. Cover with plastic wrap and chill for about 1 hour in the fridge.

3 Slice each roll in 20 equal pieces and form balls.

4 Place cardamom balls on greased cookie sheet (or line it with baking paper). Bake in preheated oven at 360° F on middle rack for about 12-15 minutes or until golden.

5 Pour powdered sugar in a sieve and sprinkle over cardamom balls. Place on wire rack and cool. Then store in airtight container.

Ingredients for about 40 pcs.:

5 ozs.	butter, soft
1/4 cup	powdered sugar
1 dash	salt
1	egg yolk
1 1/4 cup	all-purpose flour
3 tblsp	corn starch
1 tblsp	cardamom (powdered)
3-4 tblsp	powdered sugar for sprinkling

Preparation time: about 2 hours (incl. chilling time)

Add 1 tblsp of cocoa to powdered sugar and sprinkle over cardamom balls.

Butterplätzchen & Co.

Zutaten:

Für den Grundteig:
200 g Butter
85 g Puderzucker
1 EL Vanillezucker
1 Eigelb
300 g Mehl

Zubereitungszeit: ca. 2 Stunden
(bei aufwändiger Verarbeitung entsprechend länger)

Und so wird's gemacht:

1 In einer Schüssel werden Butter, Puderzucker und Vanillezucker mit dem Handmixer schaumig geschlagen, dann gibst du das Eigelb und das Mehl dazu und verknetest alles zu einem glatten Teig. In Frischhaltefolie einpacken und ca. 1 Stunde im Kühlschrank ruhen lassen.

2 Auf einer bemehlten Arbeitsfläche rollst du dann den Teig ca. ½ cm dick aus und stichst oder schneidest die Plätzchen aus. Dabei kannst du deiner Kreativität freien Lauf lassen!

3 Falls der Teig während der Ausstechphase zu weich und klebrig wird, stellst du ihn immer mal wieder in den Kühlschrank.

4 Im vorgeheizten Ofen (190°C, mittlere Schiene) auf einem mit Backpapier belegten Backblech ca. 10 Minuten backen bzw. bis die Plätzchen goldgelb sind.

Variationen:

› **Butterplätzchen**
Zusätzlich: 1 Eigelb, Zuckerstreusel
Die ausgestochenen Plätzchen werden vor dem Backen mit verquirltem Eigelb bepinselt und mit bunten Zuckerstreuseln bestreut.

› **Terrassenplätzchen**
Zusätzlich: Marmelade, Puderzucker
Für diese Variante stichst du immer 2 Kekse des gleichen Musters/Größe aus und setzt sie nach dem Backen mit Marmelade als „Klebemittel" aufeinander. Mit Puderzucker bestäuben.

› **Schwarz-Weiß-Plätzchen**
Zusätzlich: Kakaopulver, 1 Eiweiß
Die Hälfte des Grundteigs verknetest du mit 1 gehäuften EL Kakao. Dann formst du z. B. aus dem hellen und dem dunklen Teig dünne Teigrollen, die du mit verquirltem Eiweiß bestreichst und abwechselnd neben- und aufeinander legst und dabei etwas zusammendrückst. Zu einer Rolle formen, ca. 1/2 cm dicke Scheiben abschneiden und wie oben angegeben backen.

› **Plätzchen Spekulatius Art**
Zusätzlich: grober Zucker, Zimt, Lebkuchengewürz, blättrige Mandeln
Hierbei ersetzt du beim Grundteig 50 g Puderzucker durch 50 g groben oder braunen Zucker und fügst je 1 TL Zimt und Lebkuchengewürz hinzu. Anschließend rollst du den Teig auf ca. 100 g blättrig geschnittenen Mandeln aus und stichst Plätzchen aus.

Butter Cookies & Co.

And here's how it's done:

1 In a bowl, beat together butter, powdered sugar and vanilla sugar until frothy, add egg yolk and flour, stir until well blended. Cover dough with plastic wrap and chill in fridge for about 1 hour.

2 Roll out the dough on a lightly floured surface until it has reached a thickness of about 1/4". With cookie cutters cut out different shapes.

3 Should the dough become too soft and sticky while cutting the cookies, put it back into fridge for a while.

4 Place cookies on cookie sheet covered with baking paper and bake in preheated oven at 375° F, middle rack, for 10 minutes or until golden.

Ingredients:

<u>For the basis dough:</u>
7 ozs.	butter
3/4 cup	powdered sugar
1 tblsp	vanilla sugar
1	egg yolk
2 1/3 cups	all-purpose flour

Preparation time: about 2 hours
(maybe more for fancy decorations)

Variations:

› **Butter Cookies**
<u>Extra:</u> *egg yolk, coloured sugar granules*
Place cookies on a cookie sheet covered with baking paper, brush with whisked egg yolk and sprinkle with sugar granules before baking.

› **Terrace Cookies**
<u>Extra:</u> *jam, powdered sugar*
Cut out each 2 cookies of the same size/shape. After baking brush jam on the bottom piece, top with remaining cookie and sprinkle with powdered sugar.

› **Black & White Cookies**
<u>Extra:</u> *cocoa*
Add 1 heaped tblsp cocoa to basic dough, knead well. Make rolls of white and brown dough, alternate white and brown rolls and form one big black & white roll, cut in slices of 1/4" and bake as mentioned above.

› **Cookies "Spekulatius" Style**
<u>Extra:</u> *brown sugar, cinnamon, Spekulatius spice*, sliced almonds*
Replace 1/4 cup powdered sugar by 1/4 cup brown sugar and add each 1 tsp cinnamon and Spekulatius spice to basic dough, knead until well blended. Sprinkle 4 ozs. almond slices on working top, roll out dough over almond slices, cut out cookies and bake as mentioned above.

*see ginger bread house recipe p. 172

Dresdner Christstollen

Zutaten für 1 Stollen:

Für den Teig:
450 g	Mehl
100 g	Zucker
1 1/2	Tüte Hefe
1 TL	Salz
200 ml	Milch, lauwarm
1 TL	abgeriebene Zitronenschale
275 g	Rosinen, Korinthen und getrocknete Cranberrys, gemischt
1 EL	Rumaroma
150 g	gehackte Mandeln
200 g	Butter
75 g	Zitronat und Orangeat, gemischt

Für die Glasur:
100 g	geschmolzene Butter
100 g	Puderzucker

Zubereitungszeit: ca. 2 Stunden (incl. Ruhezeit)

Und so wird's gemacht:

1 Aus Mehl, Zucker, Hefe, Salz, Milch und abgeriebener Zitronenschale stellst du nach dem Heferezept aus der Kochschule (Seite 19) einen glatten Teig her und lässt ihn an einem warmen Ort ca. 15 Minuten gehen.

2 Zwischenzeitlich weichst du die Rosinen, Korinthen und Cranberrys in etwas warmem Wasser und 1 EL Rumaroma ein, bis sie weich sind. Abtropfen lassen und zusammen mit den Mandeln, der weichen Butter und dem Zitronat/Orangeat unter den Hefeteig kneten. Noch einmal ca. 30 Minuten gehen lassen.

3 Jetzt rollst du den Teig länglich aus (ca. 30 x 20 cm), drückst mit dem Teigroller längs eine Rille in den Teig und schlägst dann die kleinere Teighälfte über die größere, um die typische Stollenform zu erhalten. Auf einem Backblech ca. 50 Minuten auf der mittleren Schiene bei 190° C backen, danach mit Alufolie abdecken und weitere 10 Minuten backen (Stäbchenprobe machen). Alternativ kannst du auch eine Stollenform verwenden (siehe Foto).

4 Nach dem Backen wird der Stollen auf ein Kuchengitter gestellt und noch heiß mit der Hälfte der geschmolzenen Butter bestrichen. Danach muss er erst richtig auskühlen. Zum Schluss wird der Stollen mit der restlichen geschmolzenen Butter nochmals bestrichen und nun kräftig mit dem gesiebten Puderzucker bestreut. Durch die erste Portion Butter erhält der Stollen eine Art Schutzschicht, damit er schön saftig bleibt; die 2. Portion dient dazu, dass der Puderzucker besser haftet.

5 Zum Aufbewahren wickelst du den Stollen sorgfältig in Alufolie ein. Er sollte einige Tage ruhen, bevor er angeschnitten wird.

Du kannst noch ca. 100 g Marzipanmasse unter den Teig kneten, um den Mandelgeschmack zu intensivieren.

Stollen - Traditional Xmas Cake

And here's how it's done:

1 In a large bowl, stir together flour, sugar, salt and grated lemon peel. Make a well in center of mixture, sprinkle yeast inside, add milk, stir with a hand-held mixer (kneading top) starting from the middle until well blended. Cover with cheesecloth, keep warm and let dough rise for about 15 minutes.

2 In a small bowl, soak raisins, currants and cranberries in lukewarm water mixed with rum flavouring until soft, drain and add together with candied peel, almonds and soft butter to yeast dough, knead until well blended. Keep warm and let rise for another 30 minutes.

3 With a rolling pin spread dough to abt. 12 x 8", press a line along and fold the smaller part over the bigger part of the dough thus creating the typical Stollen-shape. Alternatively, use a special „Stollen" baking dish. Place on greased cookie sheet and bake for 50 minutes at 375° F. Then cover with aluminum foil, and bake for another 10 minutes or until a wooden pick inserted in center comes out clean.

4 Place Stollen on wire rack. While still hot brush with half of the melted butter. Put aside and cool completely. Finally, brush Stollen with the remaining melted butter and coat with a heavy layer of sieved powdered sugar.

5 Wrap the Stollen in aluminum foil and let stand for a couple of days before slicing.

Ingredients for 1 cake (loaf):

<u>For the dough:</u>
1 lb	all-purpose flour
1/2 cup	sugar
1 tsp	salt
1 tsp	grated lemon peel
1 1/2	tblsp active dry yeast
1 cup	milk, lukewarm
1 cup	raisins, dried currants and cranberries, mixed
1 tblsp	rum flavouring
1/2 cup	candied lemon & orange peel, mixed
2 cups	finely chopped almonds
7 ozs.	butter

<u>For the topping:</u>
3 1/2 ozs. butter
3/4 cup powdered sugar

Preparation time: about 2 hours (incl. rising time)

Work in 3-4 ozs. marzipan candy dough to increase the almond taste of the Stollen.

Lebkuchenhaus

Zutaten:

Zutaten für den Teig:
200 g	Butter
550 g	Sirup oder Honig
225 g	Zucker
2 EL	Lebkuchengewürz*
3 EL	Kakao
1.200 g	Mehl
4 TL	Backpulver
2	Eier
1	Prise Salz

Zutaten für den Zusammenbau:
2	Eiweiß
500 g	Puderzucker
	Gummibänder
	Transparentpapier

Für die Dekoration:
Süßigkeiten, kleine Kekse,
evtl. Marzipan, Mandeln etc.
Watte, 1 Teelicht

**Zubereitungszeit: ca. 3 1/2 Std.
(ohne Trocknungszeit)**

* evtl. selbst mischen:
3 TL Zimt, 1 TL gemahlener Anis,
1/2 TL gemahlene Nelken, 1/2 TL Kardamom
und 1/2 TL Ingwer

Und so wird's gemacht:

1 In einem Kochtopf erhitzt du die Butter mit Sirup (Honig), Zucker, Lebkuchengewürz und Kakao. Ständig umrühren, bis ein glatter Teig entstanden ist und der Zucker sich gelöst hat. Zur Seite stellen und etwas abkühlen lassen.

2 Dann wird das Mehl mit dem Backpulver vermischt in eine große Schüssel gesiebt. In die Mitte drückst du eine Mulde, gibst Eier, Salz und die noch warme Butter-/Sirupmischung dazu und knetest dann alles mit bemehlten Händen kräftig durch.

3 Nun streust du reichlich Mehl auf die Arbeitsfläche und rollst den Teig mit einer Teigrolle gleichmäßig aus (ca. 1/2 cm dick).

4 Gemäß Skizze auf Seite 174 schneidest du dir Schablonen aus Pappe, legst diese auf den ausgerollten Teig und schneidest mit einem scharfen Messer alle benötigten Teile aus. Da das Knusperhaus später von innen beleuchtet werden soll, muss die Tür so breit sein, dass ein Teelicht hinein passt. Die Teile werden auf einem mit Backpapier belegten Backblech im vorgeheizten Ofen bei 200°C ca. 15 Minuten gebacken. Vorsichtig vom Backpapier abheben und auf einem Kuchengitter auskühlen lassen.

5 Den restlichen Lebkuchenteig wieder zusammenkneten, als Bodenplatte ca. 1 cm dick ausrollen und wie oben backen.

6 Wenn die einzelnen Platten total ausgekühlt sind, geht's an den Zusammenbau. Und dabei immer dran denken: Ein Hexenhaus darf durchaus etwas windschief sein...

Und so wird das Lebkuchenhaus zusammen gesetzt:

1 Zuerst stellst du den „Kleber" her: Dazu schlägst du das erste Eiweiß mit dem Handmixer sehr steif und lässt nach und nach ca. 250 g gesiebten Puderzucker einrieseln. Es ist wichtig, dass diese Masse wirklich sehr fest ist, also evtl. noch etwas Puderzucker hinzugeben. Diesen Kleber füllst du in einen kleinen Gefrierbeutel, von dem du die Spitze abschneidest.

2 Dann schneidest du für die Fenster Transparentpapier in entsprechender Größe zurecht, rundherum ca. 2 cm größer als die Herzen und fixierst das Papier mit wenigen Tupfen Kleber auf der Rückseite der Lebkuchenteile.

3 Nun brauchst du zwei helfende Hände: auf die Bodenplatte wird ein passendes Rechteck aus Kleber gespritzt und die beiden Seitenteile sowie die Rück- und die Vorderfront hineingesetzt. Auch die senkrechten Verbindungskanten werden mit Kleber versehen, ebenso die offen stehende Tür. Nimm ein oder zwei Gummibänder und ziehe sie über diesen Rohbau, damit alles gut zusammenhält. Die Gummibänder werden später einfach abgeschnitten.

4 Noch ein wenig ausrichten, dann kommt der schwierigste Teil des Zusammenbaus: die beiden Dachflächen werden auf die schrägen Giebelflächen gesetzt. Die Oberkanten der Seitenteile sowie die Giebelschrägen werden vorher natürlich gut mit Kleber versehen. Der First, an dem die beiden Dachplatten zusammenstoßen, bekommt einen extra dicken Strang Kleber. Wiederum mit zwei Gummibändern sichern. Wenn es nötig ist, kannst du das Dach abstützen, indem du einige von den Süßigkeiten oder Keksen, mit denen das Haus später verziert wird, bereits jetzt auf die Bodenplatte dicht am Haus klebst.

5 Anschließend befestigst du den Schornstein wie abgebildet ebenfalls mit ein wenig Kleber. Nun wird noch der Tannenbaum aufgestellt: erst einen Streifen Kleber auf den Boden spritzen, dann das Mittelteil und die vier Seiten miteinander verkleben.

6 Endlich kommt der kreative Teil. Das zweite Eiweiß wird geschlagen und mit so viel Puderzucker vermengt, dass ein zähflüssiger, aber nicht zu fester Zuckerguss entsteht. Die Süßigkeiten werden damit am Haus und auf der Bodenplatte „angeklebt". Aus Marzipan kannst du die Märchenfiguren formen und mit Zuckerguss und etwas Geschick „Eiszapfen" an die Dachränder hängen.

7 Zum Schluss noch etwas Puderzucker („Schnee") über alles sieben und ein Stückchen Watte in den Schornstein stecken. Das angezündete Teelicht schiebst du erst zur Hauseinweihung in das Haus.

Gingerbread House

Ingredients:

<u>Ingredients for the dough</u>
7 ozs.	butter
2 3/4 cups	molasses or honey
1 cup	sugar
2 tblsp	gingerbread spice*
2 tblsp	cocoa
10 cups	all-purpose flour
4 tsp	baking powder
2	eggs
1 dash	salt

<u>Ingredients for the "construction":</u>
2	egg whites
4 1/2 cups	powdered sugar
	rubber bands, transparent paper

<u>For the decoration:</u>
All kinds of sweets, cookies, marzipan candy dough, almonds etc. cotton balls, 1 tea light

Preparation time: about 3 1/2 hours (without drying time)

* If no ready-made gingerbread spice is available, mix 3 tsp cinnamon with 1 tsp ground aniseed and 1/2 tsp ground cloves, 1/2 tsp cardamom and 1/2 tsp ginger.

And here's how it's done:

1 In a pot, heat butter with sirup (honey), stir in sugar, gingerbread spice and cocoa, stir constantly until well blended. Set aside to cool off a bit.

2 In a big bowl, sift together flour and baking powder. Form a well in center of mix, add eggs, salt and the (still warm) butter/molasses-mix, stir and then knead with floured hands until well blended.

3 On a floured surface, spread dough with a rolling pin, thickness abt. 1/2 ".

4 Cut cardboard stencils according to „construction plans" (see page 174), place them on dough and cut out all parts required (with exception of the bottom) with a sharp knife. The „door" must be wide enough to place a tea light inside later on. Bake in preheated oven at 400° F on a cookie sheet covered with baking paper for about 15 minutes. Carefully remove from baking paper and cool on wire rack.

5 Knead together remaining dough, roll out again and form bottom plate, bake as above.

6 After all parts are completely cool, start constructing ginger bread house.

And here's how to construct the Gingerbread House:

1 Prepare the „glue" by beating one egg white with 2 cups powdered sugar until very stiff. If necessary, add further powdered sugar. Transfer to piping bag.

2 For the windows, cut transparent paper in matching size and attach them with the glue.

3 Pipe glue on bottom plate and around all edges and set up the house, using an extra thick layer of glue for the gable. Tie rubber bands around to hold everything together (cut them off later after everything stands firm).

4 "Glue" the chimney as shown on the picture. „Plant" the Xmas tree by piping a broad stripe of glue on bottom plate and assemble the tree.

5 Now comes the creative part: Beat second egg white until very stiff with the remaining powdered sugar (this frosting does not have to be as thick as above). Use frosting to fix all decorations on and around the house. Form fantasy figures out of marzipan candy dough and produce icicles along the „eaves".

6 Finally, sprinkle with sieved powdered sugar (snow) and insert a cotton ball into the chimney. Place ignited tea light inside just before the „house warming party" starts.

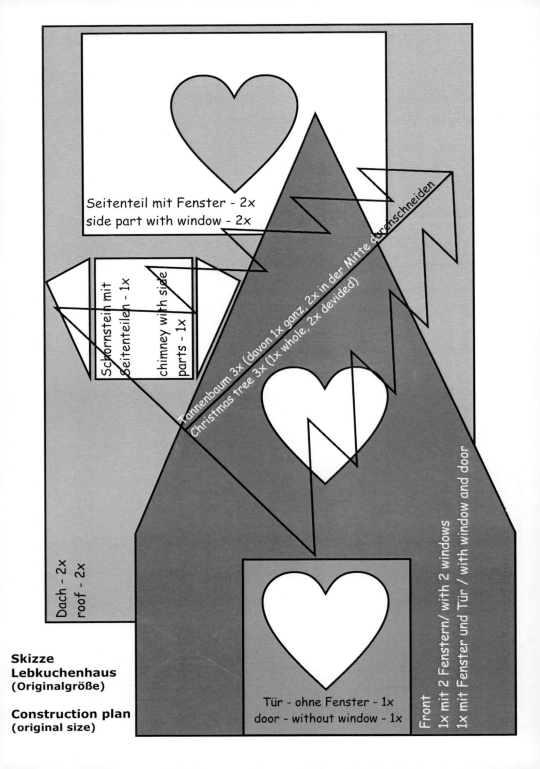

Lebkuchenherzen

Zutaten:

1 Rezept	Teig für das Lebkuchenhaus (S. 170)
1	Eiweiß
250 g	Puderzucker
	evtl. Speisefarbe
	bunte Streusel

Zubereitungszeit: ca. 1 Stunde

Und so wird's gemacht:

1 Aus dem Lebkuchenteig mit Hilfe einer Herzschablone aus Pappe Teigherzen ausschneiden. Zwei Löcher zum Aufhängen VOR dem Backen in den Teig stanzen. Wie beim Lebkuchenhaus beschrieben backen.

2 Zur Verzierung klebst du mit dem Zuckerguss (eventuell mit Lebensmittelfarbe färben) verschiedene Dekorationen auf oder schreibst liebevolle Aussagen mit einem Spritzbeutel auf die Herzen.

3 Mindestens 2 Tage trocknen lassen.

Kleine Lebkuchenherzen mit Verzierung eignen sich auch als Christbaumschmuck.

Gingerbread Hearts

Ingredients:

1 recipe	dough of Gingerbread House (see p. 172)
1	egg white
2 cups	powdered sugar
	food colour
	coloured sugar granules

Preparation time: abt. 1 hour

And here's how it's done:

1 Using cardboard stencils, cut hearts out of dough. Don't forget two holes for ribbon. Bake as described.

2 For decoration, use frosting (add food colour if wanted) to glue decorations on hearts or pipe charming sayings on the hearts.

3 Let dry at least 2 days.

Small gingerbread hearts with the above decorations can be used to decorate the Xmas tree.

Inhalts- und Stichwortverzeichnis

Apfelkompott	13
Backzutaten	22
Bauernfrühstück	92
Baumkuchentorte	138
Béchamelsoße	15
Bienenstich	124
Bratäpfel	110
Bratkartoffeln	9
Butterkuchen, Schneller	122
Butterplätzchen	166
Christbaumschmuck	175
cups	21
Donauwellen	140
Dresdner Christstollen	168
Ei, gekocht	14
Eier, gefüllt	44
Elisenlebkuchen	160
Erbsensuppe	28
„Erste Hilfe"	24
Esslöffel (EL)	22
Fantasietorte	142
Fliegenpilze	48
Flüssigkeitsmaße	22
Frankfurter Bethmännchen	156
Frankfurter Kranz	130
Früchte	13
Fruchtpüree	13
Frühstücksbrötchen	146

Gastgeschenke	24
Geburtstagsschiff	138
Gemüse	12
Gemüsedekoration	12
Geschnetzeltes, Zürcher	64
Gewichte	21
Gewürze	16
Gulasch	60
Haferflockenplätzchen	120
Hefeteig	19
Helle Soße	15
Himbeertraum	106
Himmel und Erde	84
Hühnerfrikassee	62
Kaiserschmarrn	112
Kalter Hund	118
Kardamomkugeln	164
Kartoffelbrei	84
Kartoffelgratin	90
Kartoffelklöße	100
Kartoffelpuffer	96
Kartoffelpüree	84
Kartoffelsalat, lauwarm	86
Kartoffelsuppe	30
Käse-Hack-Suppe	34
Käseigel	48
Käsesoße	15
Käsespätzle	70
Kohlrouladen	74
Königsberger Klopse	54
Königsb. Marzipankonfekt	158
Königskuchen	126
Kräuter	16
Küchenlatein	20

Leberbrot f. Hunde	153
Lebkuchenhaus	170
Lebkuchenherzen	175
Linseneintopf	32
Makkaroniauflauf	68
Marmorkuchen	126
Marzipankonfekt	156/158
Milchreis	11
Mozzarella-Tomaten	46
Mürbeteig	19
Napfkuchen	126
Nudeln kochen	11
Nudelsalat	42
Obstkuchen in USA Form	134
Paprika, gefüllt	52
Partysonne	148
Pellkartoffeln	9
Pfannkuchen	14
Pumpernickel	49
Punsch, alkoholfrei	17
Raclettekartoffeln	88
Reibekuchen	96
Reis kochen	10
Retro-Büffet	48/49
Risotto	11
Rösti	98
Rote Grütze	108
Rotkohl	78
Rührei	14
Rührteig	18

Salzkartoffeln	9
Sandkuchen	136
Soßen	15
Sauerkraut	80
Schneller Butterkuchen	122
Schokoladenkuchen	126
Schwarzbrot	150
Schwarzwälder Kirschtorte	132
Schwarz-Weiß-Plätzchen	166
Semmelknödel	102
Senfsoße	15
Spekulatius	166
Spiegelei	14
Stampfkartoffeln	84
Stockbrot	152
Stollen	168
Strammer Max	38
Teelöffel (TL)	22
Temperaturen	23
Terrassenplätzchen	166
Tischdekoration	143
Tipps, allgemeine	24
Toast Hawaii	40
Vanillekipferl	162
Wiener Schnitzel	56
Windbeutel	116
Zitronenkuchen	126
Zitrusfrüchte	24
Zürcher Geschnetzeltes	64
Zwiebelkuchen	72

Nützliche Adressen

Schüleraustausch

Unter dem Namen AJA haben sich sechs Schüleraustauschorganisationen auf der Basis gemeinsamer Qualitätskriterien für den internationalen Jugendaustausch zusammengeschlossen. (*www.aja-org.de*)

Mitglieder sind (Stand Dez. 2009):

- **AFS**
  Interkulturelle Begegnungen e.V.
  www.afs.de
- **Deutsches Youth For Understanding Komitee e.V. (YFU)**
  www.yfu.de
- **Rotary**
  Jugenddienst Deutschland e. V.
  www.rotary-jugenddienst.de
- **Partnership International e.V. (PI)**
  www.partnership.de
- **Experiment e.V.**
  www.experiment-ev.de
- **Open Door International e.V. (ODI)**
  www.opendoorinternational.de

Buchtipps

- Gundlach, Christian / Schill, Sylvia: *Ein Schuljahr in den USA und weltweit* (Recherchen-Verlag)
- Terbeck, Thomas: *Handbuch Fernweh* (weltweiser Verlag)

Aus der Fülle der Internetseiten:

- *www.ausgetauscht.de*
- *www.schueleraustausch.de*
- *www.rausvonzuhaus.de*

Freiwilligendienste in Europa und Übersee, Au-pair, "Work and Travel" etc.

Eine sehr detaillierte Übersicht rund ums Thema Auslandsaufenthalte und inter-nationale Begegnungen für junge Leute findest du ebenfalls unter

- *www.rausvonzuhaus.de*

„Familien-Austausch" in der 3. Generation

Die Planung für 2023/2024 steht:
Pennys Enkeltochter Julia freut sich schon jetzt darauf, in 14 Jahren als Austauschschülerin zu Elkes Patentochter Johanna nach Hamburg zu kommen. Anschließend nimmt sie Johanna für ein Jahr mit in die USA - so wie wir es bereits vor 40 Jahren praktiziert haben!

Ein ganz herzliches Dankeschön...

...geht an die zahlreichen Teilnehmer des AFS-Schüleraustauschprogramms, die uns die Erlaubnis zur Veröffentlichung ihrer kulinarischen Eindrücke aus aller Welt gegeben haben. Weiter bedanken wir uns bei den Hamburger Gastschülern und Returnees von AFS, YFU und PI, die gemeinsam mit uns in der Küche gestanden und unsere Rezepte ausprobiert haben. Es war sehr lustig!

Bei meinen Gastschwestern Penny und Peggy möchte ich mich bedanken für ihren Einsatz in Sachen Recherche auf der anderen Seite des Atlantiks und für ihre hilfreichen Tipps bei der Formulierung der Rezepte in englischer Sprache.

Und - last not least - gilt mein Dank meinen Eltern Johanna und Karl Göllner. Wie alle Eltern von Austauschschülern haben sie durch ihr Vertrauen, ihre Liebe und nicht zuletzt finanzielles „Opfer" mir das schönste Jahr meines Lebens ermöglicht.

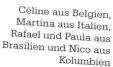

Céline aus Belgien, Martina aus Italien, Rafael und Paula aus Brasilien und Nico aus Kolumbien

Meine Lieblingsrezepte

Ein ganz herzliches Dankeschön...

...geht an die zahlreichen Teilnehmer des AFS-Schüleraustauschprogramms, die uns die Erlaubnis zur Veröffentlichung ihrer kulinarischen Eindrücke aus aller Welt gegeben haben. Weiter bedanken wir uns bei den Hamburger Gastschülern und Returnees von AFS, YFU und PI, die gemeinsam mit uns in der Küche gestanden und unsere Rezepte ausprobiert haben. Es war sehr lustig!

Bei meinen Gastschwestern Penny und Peggy möchte ich mich bedanken für ihren Einsatz in Sachen Recherche auf der anderen Seite des Atlantiks und für ihre hilfreichen Tipps bei der Formulierung der Rezepte in englischer Sprache.

Und - last not least - gilt mein Dank meinen Eltern Johanna und Karl Göllner. Wie alle Eltern von Austauschschülern haben sie durch ihr Vertrauen, ihre Liebe und nicht zuletzt finanzielles „Opfer" mir das schönste Jahr meines Lebens ermöglicht.

Céline aus Belgien, Martina aus Italien, Rafael und Paula aus Brasilien und Nico aus Kolumbien

Meine Lieblingsrezepte

Meine Lieblingsrezepte